ABI-Training
Deutsch
Erörterung

Methodische Arbeitsschritte und Übungsklausuren

von

Jörg Schilling

Ernst Klett Verlag
Stuttgart Düsseldorf Leipzig

Bibliographische Information Der Deutschen Bibliothek
Die Deutsche Bibliothek verzeichnet diese Publikation in der Deutschen Nationalbibliographie;
detaillierte bibliographische Daten sind im Internet über http://dnb.ddb.de abrufbar.

Auflage 5. 4. 3. | 2006 2005 2004

Die letzten Zahlen bezeichnen jeweils die Auflage und das Jahr des Druckes.

Internetadresse: http://www.klett-lerntraining.de
E-Mail: klett-kundenservice@klett-mail.de
Einbandgestaltung: BSS Werbeagentur Sachse und Partner, Bietigheim
DTP: Kirsten Brückmann, Stuttgart
Druck: Medien Druck Unterland, Flein. Printed in Germany.
ISBN 3-12-929236-5

Inhalt

Teil III: Anhang

Beilagen

Zur Arbeit mit diesem Buch

Das vorliegende Übungsbuch zur Erörterung behandelt für das schriftliche Abitur typische Aufgabenstellungen und unterstützt Sie bei Ihren Prüfungsvorbereitungen im Fach Deutsch.
Es richtet sich an Schülerinnen und Schüler aus Grund- und Leistungskursen und berücksichtigt die relevanten Lehrpläne und Richtlinien aller Bundesländer zum Unterrichtsthema Erörterung.

Textgebundene bzw. freie Erörterungen. Im Allgemeinen ist davon auszugehen, dass Sie in Ihren Klausuren zu einem Text Stellung beziehen müssen. Man spricht hier von einer so genannten textgebundenen Erörterung. Der Prüfungstext kann dabei sowohl allgemeinpolitische als auch fachspezifische Fragestellungen berühren. Letztere können als fiktionale oder nichtfiktionale Texte vorliegen. Fiktionale Texte können dabei aus den Gattungen Epik, Drama und u. U. auch der Lyrik stammen.
Die vier Musterklausuren und neun Übungsklausuren in diesem Buch stellen textgebundene Erörterungen vor. Die 10. Übungsklausur gibt ein Beispiel für die so genannte freie Erörterung, einer heute eher seltenen Aufgabenstellung, in der Sie zu einer Problemstellung oder einem Kurzzitat Stellung nehmen müssen.

Die fünf Arbeitsschritte. Um eine Erörterung vom ersten Lesen des Bezugstextes bis zum Verfassen der eigenen Klausur zu planen, bedarf es einer systematischen Vorgehensweise, die sich im Wesentlichen in fünf Arbeitsschritte gliedern lässt. Sie sind in diesem Buch detailliert beschrieben, im Anhang noch einmal übersichtlich zusammengefasst (vgl. „Allgemeine Hinweise zum Verfassen einer Erörterung") und lassen sich auf ganz unterschiedliche Aufgabenstellungen beziehen.
Eine zielgerichtete Prüfungsvorbereitung gelingt Ihnen vor allem dann, wenn Sie diese Arbeitsschritte intensiv trainieren. Mit ihrer Hilfe können Sie bei neuen Aufgabenstellungen selbst eine Strategie für Ihre Erörterung entwickeln.

Musterklausuren / Übungsklausuren. In den Musterklausuren werden die Arbeitsschritte ausführlich vorgestellt und durchgeführt. Jede Klausur enthält obendrein das vollständig ausgearbeitete Beispiel einer Erörterung.
Auch in den Übungsklausuren, die exemplarisch die gängigen Themenfelder (Gesellschaftspolitik, Sprache, Literatur) behandeln, sind die fünf Arbeitsschritte im Einzelnen beschrieben. Die ausformulierten Beispiele hingegen konzentrieren sich auf Kernaussagen der Ausgangstexte und zentrale Thesen der eigenen Erörterung.
Selbstverständlich sind alle in den Klausuren vorgestellten Beispiele für Erörterungen oder Teile einer Erörterung nur Vorschläge für die Lösung der jeweiligen Aufgabenstellung. Ihr eigener Text wird in Inhalt, Umfang und Sprache mögli-

cherweise deutlich abweichen und sollte es sogar. Schließlich hängt bei Erörterungsaufgaben die Ausprägung Ihres Textes in ganz besonderem Maße von Ihrer persönlichen Einstellung und Ihrem individuellen Stil ab. Es geht in den Beispielen vor allem darum, Ihnen Stoffanordnungen und Gliederungsschemata zu vermitteln.

Argumentationsgang. Die Qualität Ihrer Erörterung hängt nicht zuletzt von einer stimmigen und stringenten Argumentation ab. Sie können sich dabei an einige Grundformen halten, die vor allem in den Musterklausuren eingängig erläutert sind.

Sollten Sie mit Ihren Prüfungsvorbereitungen gerade erst beginnen, empfiehlt es sich, dieses Übungsbuch systematisch und in der Reihenfolge der Kapitel bzw. Klausuren durchzuarbeiten. Schritt für Schritt werden Sie angeleitet, schließlich selbst eine Erörterung zu schreiben.
Wer durch die Arbeit im Deutschunterricht mit Erörterungsaufgaben schon vertraut ist, kann gleich versuchen, mit den Übungsklausuren zu arbeiten und ihren Hinweisen folgend einen eigenen Erörterungstext verfassen.
Möchten Sie sich – vielleicht bei einem zweiten Lektüredurchgang – rasch orientieren, werden Ihnen die farbigen Kennzeichnungen helfen: Arbeitsaufträge sind jeweils durch ein Quadrat ■ hervorgehoben, Lösungsvorschläge und ausformulierte Beispiele für Erörterungen mit einem farbigen Balken am linken Rand markiert; wichtige Zusammenfassungen wurden gleichfalls farbig gekennzeichnet.
Analysemodelle und Übersichten, auf die mehrfach Bezug genommen wird, sind dem Buch als Arbeitsbögen beigelegt. Die Prüfungstexte wurden in den fortlaufenden Text aufgenommen und liegen ebenso als Arbeitsbögen vor. So müssen Sie nicht zurückblättern, wenn Sie etwas nachlesen oder im Verlauf Ihrer Arbeit mit diesem Buch Belegstellen suchen bzw. prüfen wollen.

In Lehrplänen für das Fach Deutsch in der Oberstufe heißt es, dass eine humane Verständigung erst möglich wird durch wechselseitiges Vertrauen auf die Wahrhaftigkeit des Partners. Dies gilt für die mündliche Bekundung wie für die schriftliche. Zumal in Erörterungsaufsätzen sollten Sie darum Ihre persönliche Überzeugung ganz offen zum Ausdruck bringen und zugleich bereit sein, die Meinung des Anderen zu respektieren. Mit den Regeln solchen Dialogs möchte Sie das vorliegende Buch vertraut machen.

Teil I

Musterklausuren

1. Musterklausur
Joachim Jahn, Heroin auf Rezept

Drogenpolitik ändern

Heroin auf Rezept

VON JOACHIM JAHN

Wird ein Diabetiker durch Strafe gesund? Nein – natürlich käme niemand auf die abwegige Idee, einem Zuckerkranken seine tägliche Insulinspritze zu verbieten. In der Rauschgiftpolitik aber sträubt sich die Bundesregierung gegen eine Forderung der SPD, der meisten Bundesländer und einer Vielzahl von Polizeipräsidenten, die allesamt sagen: Gebt den Heroinsüchtigen ihre tägliche Ration auf Rezept! Und sie haben recht: Auch in Deutschland muß endlich dieses Modell ausprobiert werden, das in der Schweiz längst funktioniert. Viele der ausgemergelten Gestalten, die sich an den Bahnhöfen unserer Großstädte ihren „Schuß" setzen, haben keine andere Chance, wenigstens von der Abhängigkeit von ihrem Dealer, von der ständigen Beschaffungskriminalität und der Lebensgefahr durch das „Drücken" unkontrollierten Stoffs loszukommen. Natürlich trifft es zu, wenn Bonns Drogenbeauftrager Eduard Lintner einwendet: Dadurch werden diese Menschen nicht von ihrer Sucht geheilt; der Staat darf nicht zum Dealer werden. Doch der CSU-Politiker sollte nicht länger die Augen davor verschließen, daß viele „Junkies" eine Therapie nicht durchstehen. Ihnen fehlt die Kraft, auf den täglichen „Kick" zu verzichten; so wie Millionen von Alkoholikern, die unter einem übermächtigen Zwang zur Flasche greifen. Brauchen wir etwa das Schreckensbild der Heroinsüchtigen in den Fußgängerzonen, um wenigstens der Versuchung durch illegale Suchtmittel widerstehen zu können?

Kein harmloses Genußmittel

Auch weiterhin muß alles getan werden, damit vor allem Jugendliche nicht der Verführung durch Rauschgifthändler erliegen, die selbst auf Schulhöfen auf Kundenfang gehen. Der Drogenhandel muß auch künftig unter Strafe stehen, damit keine Lawine losgetreten wird. Es darf nicht der verheerende Eindruck entstehen, dabei handele es sich um harmlose Genußmittel wie Tee oder Kaffee. Doch wir dürfen nicht zugleich jene bestrafen, die bereits an der Nadel hängen. Wer diese „Junkies" in den Untergrund drängt, trägt seine Strategie gegen den giftigen Stoff auf ihrem Rücken aus – sie werden zu Geiseln einer gut gemeinten, aber unmenschlichen Abschreckungspolitik.
Es ist kein Zufall, daß es landauf, landab die Städte sind, die einen pragmatischen Umgang

mit Drogen durchgesetzt haben, weil sie die Not sehen. Nach der CDU-Oberbürgermeisterin von Frankfurt richtet nun auch der SPD-OB von Hannover „Fixerstuben“ ein, in denen wenigstens hygienische Bedingungen und medizinische Hilfe gewährleistet sind. Solche Räumlichkeiten üben keine Sogwirkung aus, vielmehr wird zugleich unaufdringlich für Therapie und Abstinenz geworben.

Niedersachsens Sozialminister Wolf Weber hat soeben festgestellt, daß der Ersatzstoff Methadon viele ausstiegswillige „Fixer“ gesundheitlich wieder auf die Beine gebracht hat. Und nicht nur das: Manche von ihnen gehen mit dieser Unterstützung zur Arbeit, haben eine Wohnung und Freunde außerhalb des Drogenmilieus gefunden. Zu Recht beklagt Weber, daß die Auswahlbedingungen für eine Teilnahme an dem Programm noch viel zu streng sind; zu wenige erhalten diese Chance.

Strafen für Dealer

Die Bundestagsfraktion der SPD ist wohl zu weit gegangen, als sie gleichsam unter Ausschluß der Öffentlichkeit einen Gesetzesentwurf im Bundestag einbrachte, der den Konsum von Drogen aller Art erlauben wollte. Fraktionschef Rudolf Scharping, dessen Name mit unter der Drucksache stand, hat eine Änderung durchgesetzt, als die Pläne Proteste auslösten. Doch an der Straffreiheit für den Gebrauch „weicher“ Drogen, von Haschisch und Marihuana also, wollen die Sozialdemokraten festhalten.

Und das ist gut so. Praktisch hat das Bundesverfassungsgericht der Justiz diesen Schritt ohnehin bereits aufgetragen. Die Richter hatten medizinische Gutachten studiert und festgestellt: Die himmelweiten Unterschiede zwischen den Gefahren der verschiedenen Gifte dürfen nicht verwischt werden. Viele Mediziner halten Cannabis für harmloser als Alkohol und Zigaretten, für die sogar geworben werden darf und an denen Jahr für Jahr rund 100 000 Menschen sterben.

Eine suchtfreie Gesellschaft gibt es nirgendwo – selbst hinter Gefängnismauern gedeiht der Handel. Glaubwürdig ist eine Rauschgiftpolitik daher nur, wenn sie die Kräfte von Polizei und Justiz auf die Anbieter harter Drogen konzentriert. Vielleicht gelingt es dann sogar, daß die organisierten Heroin- und Kokainkartelle ihre Macht verlieren.

Schaumburger Nachrichten (SN), 3. 2. 1997.

Aufgaben

1. Analysieren Sie die sprachlichen Mittel und zeichnen Sie den Argumentationsgang des Autors nach.
2. Erörtern Sie die im Text angesprochene Problematik und formulieren Sie nach Abwägung des Pro und Contra eine eigene Stellungnahme.

Zur angemessenen Bearbeitung der Aufgabenstellung sollten Sie folgende fünf Arbeitsschritte beachten:

Die Arbeitsschritte

Erster Arbeitsschritt: Sichtung der Aufgabenstellung und kursorisches Lesen des Artikels

Lesen Sie zunächst genau die Prüfungsaufgaben, um so Hinweise für die Erstellung Ihrer Erörterung zu erhalten. Sie sollten sich auch durch kursorisches Lesen des Textes einen ersten Eindruck über Thema und Aussage des Prüfungstextes verschaffen.

Zweiter Arbeitsschritt: Erschließung des Inhalts, der Form und der Intention des vorgegebenen Textes

Das inhaltliche und strukturelle Verständnis der Textvorlage ist Grundlage und Ausgangspunkt Ihrer Argumentation. Nur durch intensive Textbearbeitung sind Sie in der Lage, eine fundierte, logisch stimmige eigene Stellungnahme zu der vorliegenden Problemstellung zu verfassen.

Dritter Arbeitsschritt: Erstellen eines Konzeptes zur Bearbeitung der Aufgaben

Sie müssen den Stellenwert der Aufgaben im Kern erkennen und Ihre zeitliche Planung auf die unterschiedliche Gewichtung der Einzelaufgaben abstimmen. Dabei ist es sinnvoll, sich an die vorgegebene Reihenfolge der Aufgaben zu halten und ein genaues Gliederungsschema festzulegen.

Vierter Arbeitsschritt: Formulierung einer Analyse der Textvorlage und einer selbstständigen Erörterung

Die inhaltliche und formale Analyse der Textvorlage entwickeln Sie aus den Ergebnissen der vorangegangenen Arbeitsschritte. Hierbei müssen Sie auch erläutern, welche sprachlichen Mittel der Autor einsetzt, um seine Zielvorstellungen dem Leser zu vermitteln.
Zur Abfassung einer Erörterung ist es erforderlich, eine eigene These zu entwickeln und diese durch eine vorher festzulegende Argumentationsstruktur dem Leser plausibel zu machen.
Hierbei müssen Sie zwischen Thesen, Argumenten und Beispielen unterscheiden, Ihre Aussagen auf ihre Stichhaltigkeit prüfen und nach sachlogischen Gesichtspunkten ordnen.

Fünfter Arbeitsschritt: Durchlesen und Korrektur der Arbeit

Das sorgfältige Durchlesen am Schluss der Arbeit ist unabdingbar, um Fehler zu beseitigen, die Argumentation noch einmal zu prüfen, evtl. Fehlendes zu ergänzen und Wiederholungen zu streichen. Diese Schlussbearbeitung braucht Zeit, die Sie vorher einplanen müssen.

Durchführung der Arbeitsschritte

Erster Arbeitsschritt: Sichtung der Aufgabenstellung und kursorisches Lesen des Artikels

1. Sammeln von Ersteindrücken bei der Lektüre

Die Prüfungsaufgaben verlangen im Wesentlichen eine Darstellung der zentralen Aussagen der Textvorlage, eine Erläuterung der sprachlichen Mittel, die der Autor einsetzt, und die Abfassung eines strukturierten Eigentextes in Form einer Erörterung, die sich auf die Thematik des vorliegenden Textes beziehen soll. Beim kursorischen Lesen des Artikels sollten Sie versuchen, die Hauptgedanken zu erfassen, Beispiele, Begründungen oder Einschübe zunächst nur „zu überfliegen", um die Kernaussagen des Textes in einem ersten Zugriff herauszuarbeiten. Darüber hinaus können Ihnen auch das Druckbild und die sonstige rein äußerliche Gestaltung Hinweise auf die Textart geben.

- Notieren Sie in Stichworten Informationen, die sich bei einem ersten kursorischen Lesen von Text und Aufgaben ergeben.

2. Ordnen der Leseeindrücke

Aus dem Druckbild, der Quellenangabe, der Titelgestaltung, der Nennung des Autors und der Untergliederung in Teilabschnitte mit jeweils eigenen Unterüberschriften lassen sich bereits folgende Hinweise entnehmen:

- Der charakteristische Spaltensatz weist auf einen Artikel in einer Tageszeitung hin.
- Die Länge des Artikels und die Größe der Überschriften zeigen, dass es sich nicht um ein sog. Boulevardblatt, sondern um eine seriöse Zeitung handelt.
- Die Nennung des Autors mit Vor- und Zunamen unter der Titelzeile unterstreicht, dass dieser Artikel im Kommentar-, und nicht im Nachrichtenteil der Zeitung abgedruckt wurde. (Nachrichten werden zumeist anonym oder unter Angabe des Ortes und einer Nachrichtenagentur – dpa, Reuters u. a. – veröffentlicht.)

- Die Jahresangabe 1997 verweist auf die Regierungszeit der CDU/FDP-Koalition unter dem damaligen Bundeskanzler Helmut Kohl. Einige der genannten Parteipolitiker befinden sich nach dem Regierungswechsel von 1998 in anderen Positionen; Regierung und Opposition haben die Rollen getauscht.
- Da keine weiteren Informationen über den Autor gegeben werden und auch ein Hinweis wie Gastkommentar fehlt, können Sie hier davon ausgehen, dass ein Redakteur der Zeitung seine persönliche Meinung zu einem kontrovers diskutierten politischen Thema äußert.

■ Lesen Sie den Artikel aufmerksam durch und merken Sie am Rand zentrale Textpassagen an. Ihnen zunächst unverständliche Begriffe und Formulierungen heben Sie mit einem Textmarker hervor. Formulieren Sie dann möglichst in einem Satz – am besten als Imperativ mit Ausrufungszeichen – die Hauptthese des Autors (ohne Begründungen, Beispiele usw.), ggf. auch als wörtliches Zitat.

■ Nach einer erneuten Lektüre versuchen Sie für jeden der drei Teilabschnitte mit eigenen Worten einen Satz zu formulieren, der den Inhalt im Kern zusammenfasst. Hierbei sollten Sie auch Leitfragen der späteren Bearbeitung entwickeln: Welche Themen werden angesprochen? Welche Positionen stellt der Autor dar, welche vertritt er selbst? Wen spricht er an? Wie versucht er zu überzeugen? Wie sehe ich das Problem? Welche Passagen überzeugen mich, welche lehne ich ab?
Kennzeichnen Sie jene Abschnitte des Textes, denen Sie zustimmen, in Ihren Notizen mit Pluszeichen, jene, die Sie ablehnen, mit Minuszeichen. Differenzieren und gewichten Sie dabei. Zum Beispiel:

stimme voll zu: + + +

stimme weitgehend zu: + +

stimme mit einigen Einschränkungen zu: +

lehne völlig ab: – – –

lehne weitgehend ab: – –

lehne mit Einschränkungen ab: –

Die zentrale These des Artikels könnte folgendermaßen lauten:
Süchtigen sollte unter staatlicher Kontrolle Heroin auf Rezept verabreicht werden!

Als Zusammenfassung der Unterabschnitte sind folgende Sätze denkbar:

Erster Abschnitt (Zeile 1 – 50): Einleitung
Viele Experten im In- und Ausland befürworten die Freigabe von Heroin auf Rezept für Drogenabhängige.

Zweiter Abschnitt (Zeile 51 – 106): „Kein harmloses Genußmittel"
Jugendliche müssen vor Drogen geschützt werden, der Drogenhandel soll auch weiterhin unter Strafe stehen, den bereits Abhängigen muss durch neue Maßnahmen geholfen werden.

Dritter Abschnitt (Zeile 107 – 152): „Strafen für Dealer"
„Weiche Drogen" wie Haschisch und Marihuana sollten generell freigegeben werden, um sich stärker auf die Bekämpfung des Handels mit harten Drogen konzentrieren zu können.

Zweiter Arbeitsschritt: Erschließung des Inhalts, der Form und der Intention des vorgegebenen Textes

1. Erfassung des Inhalts

Nach der kursorischen Lektüre haben Sie in Bezug auf den Inhalt einen ersten Eindruck gewonnen. Nun kommt es darauf an, die inhaltlichen Aspekte des Textes präzise und lückenlos zu erfassen. Dabei müssen Sie über die ja schon gegebene Gliederung in Absätze zunächst weitere Sinnabschnitte zusammenfassen.

- Setzen Sie gedanklich zusammenhängende Abschnitte in geschweifte Klammern und geben Sie ihnen kurze Überschriften, die allein auf den Inhalt abzielen.

Entnehmen Sie den Beilagen das 1. Analysemodell. Es zeigt Ihnen wie der Text nach Beendigung dieses Arbeitsschrittes aussehen könnte.

2. Skizzierung der Argumentationsstruktur

Um die formale Struktur des vorliegenden Textes zu erfassen, ist es zunächst wichtig, sich den grundlegenden Aufbau einer Argumentation genau anzuschauen. Man unterscheidet hierbei zwischen:

These *(griechisch: thesis)*: Eine Behauptung, die andere überzeugen soll, also bewiesen werden muss.

Antithese *(lateinisch/griechisch: Gegenthese)*: Gegensätzliche Behauptung, die ebenfalls bewiesen bzw. entkräftet werden muss.

Argument *(lateinisch: Beweismittel)*: Eine sprachliche Äußerung, die eine Behauptung beweisen soll.

Beispiele: Sprachliche Äußerungen, die Argumente verdeutlichen und veranschaulichen.

In der – auch in Aufgabenstellungen – gängigen Sprachpraxis wird der Dreischritt These-Argument-Beispiel oft verkürzt als Argument, Argumentation oder Argumentationsgang bezeichnet.

Argumente zu Thesen/Antithesen folgen zumeist wenigen Grundmustern:

Begriff	**Erläuterung**	**Beispiel aus unserem Themenspektrum:**
a) Evidenzargument	Unmittelbar einleuchtende (evidente) Feststellung	„Drogenkonsum gefährdet die Gesundheit."
b) Autoritätsargument	Berufung auf Experten/ wissenschaftliche Erkenntnisse	„Ärzte fordern..."
c) Analogieargument	Berufung auf vergleichbare Tatbestände	„Die Droge Alkohol ist legal."
d) normatives Argument	Hinweis auf staatliche/ religiöse Gesetze bzw. allgemein verbindliche Werte	„Das Betäubungsmittelgesetz verbietet Drogenhandel."

Zur Übertragung dieser theoretischen Definitionen auf den konkreten Text ist es ratsam, zunächst die verschiedenen Thesen zu unterscheiden, dann die Antithesen und schließlich die Argumente, Beispiele bzw. Entkräftungen zu kennzeichnen. Achten Sie also im ersten Zugriff vor allem auf kurze Aussagesätze und Imperative. Sofern möglich, können Sie die Argumente auch bereits den Grundmuster a) – d) zuordnen.

- Markieren Sie im Text Thesen, Antithesen und deren jeweilige Argumente, Beispiele bzw. Entkräftungen. Versuchen Sie die Argumente auf bestimmte Grundmuster zurückzuführen.

Die Bearbeitung der Textausschnitte müsste dann so aussehen:
(Beispiel: Zeile 12 – 50):

These: „Gebt den Heroinsüchtigen ihre tägliche Ration auf Rezept."

Argumente:	– in der Schweiz mit guten Erfolgen möglich (c) – keine Abhängigkeit mehr vom Dealer – Beschaffungskriminalität entfällt – Gesundheitsgefahr nimmt ab
Beispiel:	– ausgemergelte Gestalten an Bahnhöfen
Antithese:	– Durch Heroinabgabe wird niemand von Sucht geheilt.
Argument:	– Der Staat darf nicht zum Dealer werden (d).
Entkräftung:	– Die traditionellen Therapien halten viele Süchtige nicht durch.
Beispiele:	– Zwang zur Sucht bei Millionen von Alkoholikern – Schreckensbild in Fußgängerzonen als Abschreckung?

3. Untersuchung der Sprache

- Unterstreichen Sie im Text ungewöhnliche sprachliche Wendungen und Stilmittel, die Ihnen auffallen. Achten Sie dabei auf den Gebrauch von Umgangssprache, Fremdwörtern und Begriffen der Szenesprache, hier des Drogenmilieus.

Wortschatzuntersuchungen und Stilmittelanalysen sind Ihnen aus dem Unterricht bekannt.
Aus der Beschäftigung mit Gedichten und epischen Texten kennen Sie eine Vielzahl von Stilfiguren. Prinzipiell können diese auch in einer Erörterung auftreten. Da der Verfasser einer Erörterung bei dieser Textform, die der Sachprosa zuzurechnen ist, aber seine Leser von einer klar definierten Position überzeugen will, geht es ihm im Unterschied zum Lyriker und Epiker nicht in erster Linie um ästhetische Perfektion, sondern um Klarheit, Eindeutigkeit und Allgemeinverständlichkeit. Dies schränkt die Auswahl der Stilmittel in der Praxis erheblich ein. Die Erörterung als Textform hat sich aus der Rede der Antike entwickelt, für die die klassischen Rhetoriker klare Strukturen und besonders geeignete Stilmittel vorschrieben.

Häufiger vorkommende Stilfiguren in erörternden Texten:

Stilfiguren	Erklärung	Beispiel
Akkumulation	Aneinanderreihung von Begriffen zu einem Oberthema, das genannt werden kann, aber nicht muss	Menschen, Tiere, Sensationen
Correctio	Verbesserung eines Ausdrucks	zufriedene, nein glückliche Kinder
Ellipse	unvollständiger Satz	Alles klar.
Euphemismus	beschönigender Ausdruck	entschlafen für sterben
Hendiadyoin	Aneinanderreihung zweier bedeutungsgleicher Wörter	Heil und Segen
Hyperbel	Übertreibung	Alle Welt stimmt mir zu.
Ironie	gegenteiliger Sinn eines Ausdrucks	Das war wirklich eine Meisterleistung!
Klimax	Steigerung	gut, schön, prächtig
Litotes	Bejahung durch doppelte Verneinung	nicht ungeschickt
Metapher	Verbindung von Wörtern aus verschiedenen Bedeutungsbereichen	Autoschlange
rhetorische Frage	Frage, die keine Antwort verlangt (wie Aussage)	Müssen wir nicht alle sterben?
Vergleich	Ähnlichkeit eines Sachverhalts	Heiß wie die Sonne

Es genügt, wenn Sie in dieser Arbeitsphase die ungewöhnlichen Wortverbindungen und Stilmittel nur kurz anstreichen. Ordnung und Deutung folgen im nächsten Arbeitsschritt.

Vorschläge zur Strukturierung der Argumentation und zur Analyse des Wortmaterials wie des Stilgebrauchs finden Sie in den Beilagen (siehe 2. Analysemodell).

Dritter Arbeitsschritt: Erstellen eines Konzeptes zur Bearbeitung der Aufgaben

Gliederung der Aufgaben

Sie sollten bei der Bearbeitung der Aufgaben einer klaren Grobgliederung folgen:

A) Einleitung (Hinführung zum Thema/Nennung des Problems)
B) Hauptteil (Abwägung unterschiedlicher Aspekte/Problemlösung)
C) Schluss (Fazit/Ausblick)

Beim Erstellen einer eigenen Erörterung wird von Ihnen keine bestimmte Meinung erwartet, Sie können bei den Ihnen als Abiturprüfungsaufgaben vorgelegten Themen davon ausgehen, dass Sie – ganz nach Ihrer wirklichen Überzeugung! – Pro- oder Contra-Stellungnahmen abgeben können. Da Erörterungen in der Regel eine klare Entscheidungsfrage beinhalten – so auch beim Thema Heroinabgabe – sollten Sie auch eindeutig Position beziehen. Es kommt also bei der Erörterung nicht auf eine „richtige Meinung" an, sondern auf die Stimmigkeit, sprachliche Gestaltung und inhaltliche Überzeugungskraft Ihrer Argumente. Ihre Darlegungen müssen eine eingehende ernsthafte Auseinandersetzung mit der Textvorlage erkennen lassen. Die für Sie ausgewählten Themen lassen in der Regel ganz unterschiedliche Standpunkte zu, die jeweils wohlbegründet sein können.

- Sammeln Sie zunächst ganz unsystematisch Gedanken, die Ihnen spontan zum Thema Drogenpolitik einfallen und formulieren Sie in einem knappen Imperativ eine Meinung zum Thema „Heroinabgabe an Süchtige".

Sie können beim Thema „kontrollierte Heroinabgabe" mit den Thesen des Autors übereinstimmen, sie aber auch völlig ablehnen. Eine Pro- und Contra-Argumentation kann verschiedenen Mustern folgen. Als besonders geeignet erweist sich bei Entscheidungsfragen das sog. Doppeltrichtermodell (siehe S. 18 oder Beilagen, 3. Übersicht)

Entscheiden Sie sich gegen die Aussageabsicht des Artikels, ergäbe sich folgendes Muster:

Nach einer Einleitung (Abschnitt A) bilden die dem eigenen Standpunkt widersprechenden Thesen (Antithesen/Gegenthesen) mit Argumenten und Beispielen den ersten Abschnitt des Hauptteiles (B 1), hier also z. B. im Wesentlichen die „Antithesen" von Joachim Jahn.
Den zweiten Abschnitt des Hauptteiles (B 2) prägen Ihre eigenen Thesen mit Argumenten und Beispielen, hier beschränkt auf je 5 Thesen/Antithesen.

Das Doppeltrichtermodell

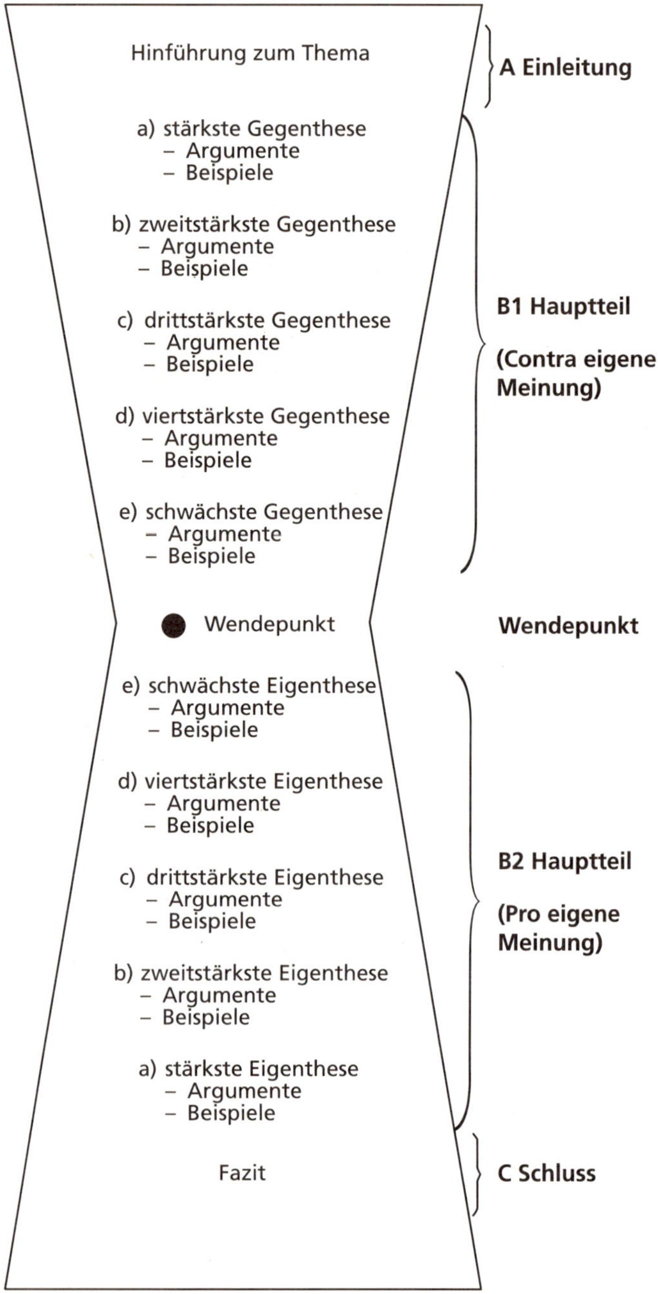

Dabei beginnen Sie in B 1 mit der gewichtigsten Gegenthese und schließen mit der schwächsten Gegenthese. Nach einem Wendepunkt beginnen Sie in B 2 mit der schwächsten Eigenthese und beenden diesen Abschnitt mit Ihrer stärksten These und den schlagkräftigsten Argumenten und Beispielen, die dann zu dem Fazit (Abschnitt C) überleiten, das die in den Gegenthesen vertretene Meinung entschieden verwirft.
Sie müssten die Thesen des Autors und Ihre Eigenthesen zunächst in eine nach „Wichtigkeit" (Stärke) bzw. „Unwichtigkeit" (Schwäche) geordnete Reihenfolge bringen und ggf. durch Antithesen ergänzen, die der Autor – aus welchen Gründen auch immer – nicht aufgreift, die man aber bei sachgerechter Beurteilung der Thematik nicht einfach übergehen kann. Listen Sie sie dann möglichst neutral auf. In der Textvorlage sind Pro- und Contra-Argumentationen verschränkt. Sie müssen also den Argumentationsgang neu ordnen und ergänzen.

Im Folgenden wird die Gegenposition zur Kernthese des Textes („Heroin sollte kontrolliert an Süchtige abgegeben werden") ausführlich entwickelt. Stimmen Sie mit dem Autor überein, so müssen Sie den Doppeltrichter sozusagen spiegelverkehrt anlegen. Die Ablehnung der Heroinabgabe mit Thesen, Argumenten und Beispielen wäre dann Hauptteil B 1 („Antithesen"), die Befürwortung der Heroinabgabe auf Krankenschein wäre Hauptteil B 2. Ihre Eigenthesen bekräftigen dann, wie Joachim Jahn es vorgibt, die Notwendigkeit einer Heroinfreigabe.

- Gewichten Sie Ihre spontanen Einfälle zum Thema „Drogenpolitik" und bringen Sie sie in eine Rangfolge: Welcher Gedanke ist allgemein der überzeugendste, welcher ist weniger wichtig, welcher ist rein subjektiv und beruht nur auf ganz persönlichen Erfahrungen?

- Listen Sie die im Text angesprochenen Gegenargumente zur These des Autors auf und nehmen Sie sie in die Rangfolge Ihrer Contra-Argumente auf.

Die Hierarchisierung eigener und fremder Argumentationen bereitet oft Schwierigkeiten. Bei der Gewichtung der Thesen des Textes sollten sie sich an Leitfragen orientieren:
- Welches Argument leuchtet sofort ein?
- Wie ist die Reihenfolge der Argumente? (Wichtiges steht oft am Anfang oder am Schluss.)
- Welche Argumente werden sehr ausführlich erläutert?
- Welche Argumente sind drucktechnisch oder stilisitsch (z. B. durch den Wechsel von der Hypotaxe zur Parataxe, durch Ellipsen, Imperative u.a.m.) hervorgehoben?

Eine inhaltliche Füllung des Modells könnte stichwortartig in dieser Weise vorgenommen werden:

Drogensucht ist eine Krankheit, die durch Strafe nicht geheilt werden kann. } **A Einleitung**

a) stärkste Gegenthese:
Kontrollierte Heroinabgabe an Süchtige verhilft diesen zu einem menschenwürdigeren Leben.

Argumente, Beispiele:
- positive Erfahrungen in der Schweiz
- keine Abhängigkeit mehr vom Dealer
- keine Beschaffungskriminalität
- keine Lebensgefahr durch unkontrollierte Drogeneinnahme

- Drogenszene an Bahnhöfen

b) zweitstärkste Gegenthese:
Therapien werden von vielen Abhängigen abgebrochen.

Argumente, Beispiele:
- der Zwang zum Drogenkonsum ist zu mächtig
- Rückfallquoten sind hoch

- Situation von Millionen von Alkoholikern

c) drittstärkste Gegenthese:
Heroinsüchtige dürfen nicht in die Illegalität gedrängt werden.

Argumente, Beispiele:
- Sucht ist kein Verbrechen
- harte Drogen kann man sich nur illegal beschaffen

- unmenschliche Abschreckungspolitik

d) viertstärkste Gegenthese:
Ersatzdrogen sind kein Allheilmittel

Argumente, Beispiele:
- nicht alle Süchtigen nehmen an Methadonprogrammen teil
- Auswahlkriterien sind zu streng

- Stellungnahmen von Sozialpolitikern

e) schwächste Gegenthese:
- Drogen wie Alkohol und Nikotin sind legal
- Haschisch und Marihuana vielleicht schon bald

Argumente, Beispiele:
- Straffreiheit für den Erwerb „weicher" Drogen wird von vielen Politikern gefordert
- Mediziner sehen große Unterschiede im Hinblick auf die Gefährlichkeit der verschiedenen Drogen
- Schwarzmarkt wäre zu begrenzen

- etwa 100 000 Menschen sterben Jahr für Jahr an den Folgen von Alkohol- und Nikotinkonsum, dennoch kein Verbot

} **B 1 Hauptteil** (Contra eigene Meinung)

Gegenthesen überzeugen nicht } **Wendepunkt**

e) schwächste Eigenthese:
Drogensucht kann nur mit herkömmlichen Therapien bekämpft werden

Argumente, Beispiele:
- Internationales Problem, Deutschland darf sich nicht isolieren (Heroin fast überall in der Welt verboten)
- Auch wenn viele Süchtige rückfällig werden, ist doch ein erheblicher Prozentsatz nach einer Therapie wirklich geheilt.
- Leidensdruck nötig
- Freigabe ist falsch verstandene Nächstenliebe
- Situation von Alkoholikern und deren Angehörigen

d) viertstärkste Eigenthese:
Ersatzdrogen sind eine wirksame Hilfe für Süchtige.

Argumente, Beispiele:
- Erhält man Heroin auf Krankenschein, gibt sich wohl kaum noch ein Süchtiger mit „Ersatzdrogen" zufrieden.
- große Probleme für Ärzte
- Viele Abhängige in Methadonprogrammen kommen endgültig von der Droge los.

c) drittstärkste Eigenthese:
Heroin ist kein Medikament.

Argumente, Beispiele:
- Es kann nicht erlaubt sein, gesetzlich verbotene Rauschmittel unter staatlicher Aufsicht abzugeben.
- Ärzte müssen unter allen Umständen Leben retten, wie sollen sie dann Krankenscheine für eine lebensbedrohliche Droge wie Heroin ausstellen?
- Heute werden viele Ärzte angeklagt, wenn sie Sterbehilfe leisten; die Heroinabgabe ist damit vergleichbar.

b) zweitstärkste Eigenthese
Staat darf seine eigenen Gesetze nicht unterlaufen

Argumente, Beispiele:
- Heroin ist gesetzlich verboten, Staat bricht bei Legalisierung seine eigenen Gesetze
- Staat schützt nicht mehr das Leben der Bürger („Tod auf Krankenschein")
- In fast allen Ländern der Erde ist Heroinhandel strikt verboten.
- Missbrauch durch Süchtige/Ärzte ist kaum zu verhindern.

a) stärkste Eigenthese
Heroinabgabe macht die Abhängigen nur noch abhängiger und zerstört deren Gesundheit.

Argumente, Beispiele:
- Heroin führt zu schwerer Abhängigkeit und kann nicht wie Alkohol „kontrolliert" konsumiert werden.

B2 Hauptteil

(Pro eigene Meinung)

- Die Gesellschaft muss die Gründe für Drogenkonsum besonders unter Jugendlichen beseitigen, statt Heroin zu legalisieren, um so das Drogenproblem „loszuwerden".
- Man nimmt auch bei der kontrollierten Abgabe „Drogentote" in Kauf.
- Selbst den Konsum „harmloser" Drogen wie Alkohol oder Nikotin versucht man immer mehr zu beschränken (Werbeverbote, Aufdruck über Gesundheitsgefährdung auf Zigarettenschachteln, Rauchverbote in öffentlichen Räumen usw.)

Fazit: Heroinfreigabe auf Rezept ist unter allen Umständen abzulehnen. } **C Schluss**

Vierter Arbeitsschritt: Formulierung einer Analyse des Textes und einer selbstständigen Erörterung

1. Textanalyse

Die erste Aufgabe lautete:
Analysieren Sie die sprachlichen Mittel und zeichnen Sie den Argumentationsgang des Autors nach.

■ Formulieren Sie einen zusammenhängenden Text. Deuten Sie dabei die formalen Besonderheiten des Textes. Achten Sie auf die Verknüpfung von Stil, Inhalt und Aussage. Eine bloße Aufzählung von Stilmitteln ist unbedingt zu vermeiden.

Sie haben in den vorausgegangenen Arbeitsschritten Inhalt, Stil und Intention des Klausurtextes im Kern bereits erfasst. Nun kommt es darauf an, diese Einzelbeobachtungen zu einem Gesamttext zusammenzufassen und die formalen Besonderheiten zu deuten.
Sie folgen dabei der in Arbeitsschritt 3 festgelegten Gliederung. Beginnen Sie in den Unterabschnitten (Einleitung – Hauptteil – Schluss) jeweils mit einer prägnanten Inhaltszusammenfassung. Orientieren Sie sich dabei an den gesammelten Stichworten der Inhaltserfassung, an die dann eine Erläuterung der Argumentationsstruktur und die Analyse von Wortschatz und Stilfiguren anschließen. Bei Letzterem ist es nicht erforderlich, alle Stilmittel zu erläutern. Wählen Sie besonders aussagekräftige Beispiele.

Titel

Der Titel des Kommentars von Joachim Jahn in den SN vom 3. 2. 1997 „Drogenpolitik ändern – Heroin auf Rezept" ist als Aussage formuliert, die einen imperativen Charakter hat. Der Autor verdeutlicht seinen Standpunkt schon in der Überschrift, die ohne Fragezeichen oder Einschränkung abgefasst ist.

Offenbar soll der folgende Artikel Argumente für eine Änderung der bestehenden Drogenpolitik, ggf. auch für eine neue Gesetzgebung liefern, um die legale Abgabe von Heroin an Süchtige zu ermöglichen.

Einleitung

Als Einleitung verwendet der Redakteur eine zunächst scheinbar nicht zum Thema gehörige Frage: „Wird ein Diabetiker durch Strafe gesund?" (Zeile 1f.). Erst in Zeile 6f. nennt er das im Titel schon anklingende Thema „Rauschgiftpolitik". Man kann diese Einleitung mit einem Fachbegriff als „Einleitung praeter rem" bezeichnen.
Schon in der antiken Rhetorik galt die Einleitung einer schriftlichen Abhandlung oder die Eröffnung einer Rede als wichtiger Schritt zur Beeinflussung des Lesers/Hörers.
So wird allgemein zwischen zwei Grundformen unterscheiden:

Einleitung (A): Ad rem (lat. direkt zur Sache/zum Thema hin)
Einleitung (B): Praeter rem (lat. außerhalb der Sache/des Themas)

Hauptteil

Im ersten Absatz seines Artikels fordert Jahn nach einer kurzen Einleitung die kontrollierte Abgabe von Heroin an Süchtige. Seine These lautet wörtlich: „Gebt den Heroinsüchtigen ihre tägliche Ration auf Rezept!" (Zeile 12ff.). Schon zu Beginn seiner Ausführungen ist die Struktur seiner im ganzen Text beibehaltenen Argumentation erkennbar. Einer prägnant formulierten These folgen Argumente und Beispiele. Zunächst verwendet er ein Analogieargument, wenn er das Vorbild Schweiz erwähnt. Dann greift er auf Evidenzargumente wie die Lösung von der Abhängigkeit von Dealern, das Verschwinden der Beschaffungskriminalität sowie die Verringerung der gesundheitlichen Gefährdung der Drogenabhängigen zurück. Diese Argumente werden durch Beispiele belegt, wenn er auf die erschreckende derzeitige Situation in der Drogenszene verweist („an den Bahnhöfen unserer Großstädte", Zeile 20f.).
Im Weiteren wird dann jeweils eine Gegenthese aufgeführt, so der Hinweis darauf, dass durch die Drogenfreigabe niemand geheilt werde (vgl. Zeile 29ff.), gefolgt von dem normativen Argument, wonach der Staat nicht zum Dealer werden dürfe. Schließlich sucht er diese Gegenthese durch die Nennung der hohen Zahl von Therapieabbrechern und dem Verweis auf die Situation bei Alkoholikern zu entkräften, die ebenfalls einem „übermächtigen Zwang" nicht widerstehen könnten.

Jahn unterstreicht seine Aussageabsicht, indem er durch unterschiedliche Stilmittel eine Zustimmung des Lesers zur eigenen Argumentationskette zu erreichen sucht. Hierzu nutzt er rhetorische Fragen wie „Wird ein Diabetiker durch

Strafe gesund?“ (Zeile 1f.) oder „Brauchen wir etwa das Schreckensbild der Heroinsüchtigen in den Fußgängerzonen, um wenigstens der Versuchung durch illegale Suchtmittel widerstehen zu können?“ (Zeile 45ff.). In beiden Fällen wird der Leser sozusagen automatisch auf die Seite des Autors gezogen. Um dies noch zu bekräftigen, gibt Jahn zu Beginn auch noch die eigentlich überflüssige Antwort auf seine rhetorische Frage (vgl. Zeile 2: „Nein“). Dass die Meinung des Autors von vielen geteilt wird, soll durch Hyperbeln wie die „meisten Bundesländer“ (Zeile 9f.) oder eine „Vielzahl von Polizeipräsidenten, die allesamt sagen“ (Zeile 10f.) betont werden. Dem dient auch der Einbau dieser Hyperbeln in eine Klimax (vgl. Zeile 8ff.: Forderung der SPD, der Bundesländer, der Polizeipräsidenten). Zielpunkt der Klimax ist hierbei die größtmögliche Expertennähe. Damit wird die parteipolitische Argumentation in den Hintergrund gedrängt: Nicht nur SPD-Anhänger, sondern alle Bürger sollten sich einem Standpunkt nicht verschließen, der doch auch von der Mehrheit der politisch (vermeintlich) neutralen Polizeipräsidenten vertreten wird. Eine Vielzahl umgangssprachlicher Wendungen (vgl. Zeile 40f. „auf den täglichen ‚Kick‘ zu verzichten“, Zeile 44 „zur Flasche greifen“, Zeile 60f. „keine Lawine losgetreten wird“, Zeile 67 „an der Nadel hängen“, Zeile 131 „himmelweiten Unterschiede“) verfolgt den Zweck, die eigenen Thesen als Selbstverständlichkeiten auszugeben, die auch der viel zitierte Mann auf der Straße vorbringen könnte.
Der Autor macht sich zum Sprecher einer schweigenden Mehrheit. Dass er auch die Interessen der direkt Betroffenen im Auge hat, unterstreichen die Begriffe aus der Drogenszene, die er jeweils als Zitat kennzeichnet (vgl. Zeile 21 „Schuß“, Zeile 27 „Drücken“, Zeile 38 „Junkies“, Zeile 95 „Fixer“). Aber nicht nur die Vertrautheit mit der Szene soll zum Ausdruck kommen. Jahn will durch die Verwendung von Fachbegriffen aus dem medizinischen und politischen Bereich auch als Experte auftreten, der eine sozusagen wissenschaftlich fundierte Lösung für ein drängendes gesellschaftliches Problem anbietet (vgl. Zeile 82f. „Fixerstuben“, Zeile 93f. „Methadonprogramme“, Zeile 89f. „Therapie und Abstinenz“, Zeile 112 „Gesetzentwurf im Bundestag“, Zeile 135 „Cannabis“, Zeile 150f. „Heroin- und Kokainkartelle“).

Während Jahn die eigene Aussageabsicht in dieser Weise zu objektivieren versucht, ist er bemüht, die Vetretung der Gegenthesen als moralisch bedenklich darzustellen. Die gegenwärtige Situation der Süchtigen wird pejorativ beschrieben, was sich in Formulierungen wie „ausgemergelte Gestalten“ (Zeile 19), „Schreckensbild der Heroinsüchtigen“ (Zeile 46) oder der Hyperbel „Geiseln einer … unmenschlichen Abschreckungspolitik“ (Zeile 72ff.) niederschlägt. Dem dient auch die Klimax in den Zeilen 23 – 28.
Charakteristisch ist auch der Wechsel in der Syntax. Häufig werden im Anschluss an längere Satzgefüge (Hypotaxen), die einen Sachverhalt erläutern, kurze Hauptsätze (Parataxen) eingeschoben, die direkt die Meinung des Autors spiegeln. Besonders augenfällig ist dies in den Zeilen 6 – 14, 117 – 125

und 134 – 144. Dabei folgen auf längere argumentative Satzverbindungen, die die Gedankenentwicklung nachzeichnen, kurze wertende Statements: „Und sie haben recht“ (Zeile 14); „Und das ist gut so“ (Zeile 125); „Eine suchtfreie Gesellschaft gibt es nirgendwo“ (Zeile 141f.).
Anders verfährt Jahn mit den Gegenthesen, die eher in den Hypotaxen „verschwinden“ (vgl. Zeile 29 – 35). Dabei wird der Entkräftung der Gegenthesen besonders breiter Raum gewidmet. So wird über 16 Zeilen gegen die These argumentiert, wonach durch Drogenfreigabe die Süchtigen nicht geheilt werden würden (vgl. Zeile 35 – 50).

Schluss:

In seinem an einigen Stellen durchaus polemischen Kommentar verschränkt Jahn die eigenen Thesen mit den Gegenthesen, die er jeweils sogleich zu widerlegen sucht. Man erkennt das Gewicht der Gegenargumente an der Reihenfolge, der Ausführlichkeit, mit der Jahn sie behandelt, und der Fülle von Stilmitteln, die er immer dann gebraucht, wenn er sich mit seinen Gegnern auseinandersetzt.

2. Eigene Erörterung

Die zweite Aufgabe lautete:
Erörtern Sie die im Text angesprochene Problematik und formulieren Sie nach Abwägung des Pro und Contra eine eigene Stellungnahme.

- Verfassen Sie Ihre Erörterung nach dem Argumentationsmuster des Doppeltrichters.

Einleitung

Bei der Einleitung Ihrer Erörterung haben Sie verschiedene Möglichkeiten. Wollen Sie sich bewusst schon zu Beginn von der im Klausurtext vorgegebenen Meinung absetzen, könnten Sie ebenfalls mit einer rhetorischen Frage beginnen:

Zum Beispiel:
Lässt sich das Alkoholproblem durch die Abgabe von Alkohol auf Krankenschein lösen? Die Frage scheint absurd, doch im Grunde argumentieren die Befürworter der Abgabe von Heroin an Süchtige, wie Joachim Jahn in seinem Beitrag „Drogenpolitik ändern – Heroin auf Rezept“ in den SN vom 3.2.1997, ähnlich, wenn Sie behaupten, die kontrollierte Abgabe von Heroin sei ein Beitrag zu einer zukunftsweisenden Drogenpolitik.

Sie können aber auch beginnen, indem Sie die Position Jahns zunächst ohne Wertung referieren:

Zum Beispiel:
In der gegenwärtigen Diskussion um eine zeitgemäße Drogenpolitik vertritt Joachim Jahn in seinem Beitrag „Drogenpolitik ändern – Heroin auf Rezept" (SN vom 3. 2. 1997) die Auffassung, dass Heroin unter ärztlicher Kontrolle an Süchtige abgegeben werden sollte, um die sog. Beschaffungskriminalität zu bekämpfen und den Abhängigen ein menschenwürdiges Leben zu ermöglichen.

In jedem Fall müssen Sie in Ihrer Einleitung den Autor und den vollständigen Titel der Textvorlage nennen!

Hauptteil (B 1) Contra eigene Meinung

Die in den Unterpunkten a) – e) gesammelten Thesen, Argumente und Beispiele müssen Sie nun in einem zusammenhängenden Text darstellen. Die Contra-Meinung kann hierbei zwar kürzer sein als der Pro-Teil, in dem Sie Ihre Auffassungen erläutern, darf aber nicht wesentliche Aspekte der Textvorlage einfach übergehen. Es muss ein geschlossener Text entstehen. Verzichten Sie also auf Unterüberschriften und überflüssige Kommentare wie („Ich komme zum Hauptteil" oder „Zum Schluss noch ein Fazit"). Der aufmerksame Leser erkennt die innere Gliederungsstruktur, ohne dass er expressis verbis darauf hingewiesen wird. Absätze nach Sinnabschnitten sind natürlich notwendig. Sie können die Grobgliederung in Einleitung – Hauptteil – Schluss, ggf. auch den Wendepunkt durch etwas größere Absätze verdeutlichen. (Nur zur Verdeutlichung werden hier die jeweiligen Unterüberschriften aufgeführt.)

a) stärkste Gegenthese

Kontrollierte Heroinabgabe verhilft den Süchtigen zu einem menschenwürdigeren Leben.

Die wesentliche Begründung für Joachim Jahns Zentralthese zur Drogenfreigabe ergibt sich aus der fatalen Situation, in der sich viele Süchtige befinden. Um ihre Sucht zu befriedigen, sind sie gezwungen, von kriminellen Dealern den Stoff zu horrenden Preisen zu kaufen. Da Heroin die körperliche und geistige Leistungskraft auf Dauer stark beeinträchtigt, sind sie kaum in der Lage einer geregelten Arbeit nachzugehen. So lässt sich der finanzielle Aufwand zumeist nur durch die sogenannte Beschaffungskriminalität oder durch Prostitution meistern.
Die Abhängigkeit vom Dealer würde bei der Freigabe der Droge entfallen, zugleich wäre es möglich, den Stoff von Ärzten untersuchen zu lassen, so dass die Lebensgefahr durch die Einnahme von verunreinigtem, bzw. extrem reinem Heroin verringert werden könnte. In der Schweiz hat man durch die begrenzte Freigabe bereits eine Verringerung der offenen Drogenszene und ihrer Folgeprobleme erreicht.

In dieser Weise sollten Sie auch die übrigen Gegenthesen aus B 1 (vgl. Arbeitsschritt 3) ausarbeiten. Wählen Sie hierbei eine sachlich neutrale Position, denn Sie wollen die Contra-Meinung ja nicht ausschmücken, sondern nur als Einstieg in Ihre Pro-Argumentation heranziehen. Allerdings verbieten sich hier auch abwertende Kommentare. Die Argumentationsfolge des Doppeltrichters steuert die Lesermeinung ohnehin in die von Ihnen gewünschte Richtung.

b) zweitstärkste Gegenthese

Therapien werden von vielen Abhängigen abgebrochen.

Gegen den bisherigen Umgang mit dem Drogenproblem spricht die hohe Rückfallquote bei Süchtigen, die sich in eine Therapie begeben.
In dieser Weise müssen Sie die übrigen Gegenthesen nennen und kurz erläutern. Sie folgen dabei den Stichworten aus Arbeitsschritt 3.

Wendepunkt

Um die Gliederung Ihrer Arbeit zu betonen, sollten Sie den Drehpunkt Ihrer Argumentationsketten durch eine eigenen Absatz hervorheben und dabei schon auf die Ihrer Auffassung nach größere Überzeugungskraft der Contra-Argumente verweisen:

Zwar werden in der öffentlichen Diskussion, wie Joachim Jahns Artikel unterstreicht, immer wieder Forderungen laut, Heroin auf Krankenschein abzugeben, doch vermögen die Begründungen für einen solchen radikalen Schritt nicht wirklich zu überzeugen.

Hauptteil (B 2) Pro eigene Meinung

Während sich die textliche Gestaltung des Hauptteiles B 1 im Wesentlichen aus der Feingliederung der Einzelargumente ergibt, kommt es bei der Abfassung des Pro-Teiles auf eine besondere sprachliche Gestaltung an, denn nun soll der potentielle Leser ja nicht nur neutral informiert, sondern überzeugt werden. Der Teil B 2 wird im Folgenden deshalb komplett als Lösung ausgeführt.
Die Abfolge Ihrer Pro-Argumente und deren grobe inhaltliche Füllung haben Sie im Gliederungsschema festgelegt. Bei der sprachlichen Ausgestaltung stehen Ihnen unterschiedliche Stilebenen zur Verfügung. Im Unterschied zur Textanalyse in Aufgabe 1 können Sie nun durchaus pointiert, unter Verwendung rhetorischer Fragen und sonstiger Stilfiguren Ihren Standpunkt möglichst anschaulich darlegen. Hüten sollten Sie sich allerdings vor unsachlichen Angriffen, umgangssprachlichen Polemiken und Verstößen gegen die Syntax. Sie sollen den Leser überzeugen, nicht überreden. Im Übrigen sollten Sie bedenken, dass Wortwahl und Stil der zumeist ernsthaften Thematik einer Erörterung angemessen bleiben müssen.

e) schwächste Eigenthese

Drogensucht kann nur mit herkömmlichen Therapien bekämpft werden.

Die Drogensucht ist ein ungelöstes Problem unserer Gesellschaft. Jeder neue Vorstoß zur Lösung dieses Problems ist zu begrüßen, nur muss hierbei immer die Hilfe für den Süchtigen im Mittelpunkt stehen.
In fast allen Ländern der Erde ist Heroin eine illegale Droge, Handel oder Besitz größerer Mengen werden schwer bestraft. Regelmäßig sieht man im Fernsehen z. B. Bilder von der öffentlichen Hinrichtung von Rauschgifthändlern in China. Gibt man in einem Land die Droge auf Rezept ab, löst man damit das „Weltproblem" Heroinsucht überhaupt nicht, nationale Alleingänge würden Deutschland nur isolieren.
Auch der von der Mafia gesteuerte weltweite Schmuggel harter Drogen wäre schwerer zu bekämpfen, da man nach den Vorstellungen Joachim Jahns zwangsläufig auch einen offiziellen Drogenhandel erlauben müsste. Es ist schließlich kaum vorstellbar, dass das vom Zoll z. B. auf Flughäfen beschlagnahmte Heroin anschließend „legalisiert" wird und unter Polizeischutz in Arztpraxen gelangt.
Wer Heroin auf Rezept fordert, stellt darüber hinaus das bestehende Netz von Vorsorgeeinrichtungen, Drogenberatungsstellen, Therapieplätzen, Suchtkliniken, betreuten Wohngruppen u.a.m. in Frage. Alle diese Institutionen müssten dann nicht nur gegen den Dealer, sondern auch gegen Ärzte kämpfen, die den Abhängigen Heroin verschreiben. Es ist wohl ein gewisser Leidensdruck nötig, um sich freiwillig einer schmerzhaften Therapie zu unterziehen. Deshalb raten Experten z. B. Angehörigen von Alkoholikern nichts zu tun, was dem Süchtigen seine Lage erleichtert, etwa das Verschleiern der Sucht vor Nachbarn, Freunden, dem Arbeitgeber usw. Alles, was ein Leben mit der Sucht erleichtert, ist also im Grunde falsch verstandene Nächstenliebe.

d) viertstärkste Eigenthese

Ersatzdrogen sind eine wirksame Hilfe für Süchtige.

Zweifellos ist der Kauf von Heroin von einem Dealer an der Straßenecke mit erheblichen Gesundheitsrisiken verbunden. Die Abhängigkeit von Dealern zwingt die Süchtigen z. T. sicher auch in ein kriminelles Milieu, doch ist die Freigabe von Heroin hier nicht die einzig mögliche Lösung, denn auch Ersatzdrogen bieten die Chance für einen Ausstieg aus der Szene.
Ersatzdrogen wie Methadon sind zudem weitaus weniger gesundheitsschädlich als die harten Drogen Heroin und Kokain. Zwar ist richtig, dass die Teilnahme an Methadonprogrammen mit Auflagen verbunden ist und nicht jeder Süchtige an jedem Ort Deutschlands einen Arzt findet, der ihm Ersatzdrogen verschreibt, doch spricht dies nicht grundsätzlich gegen diese Programme, die sich ja als Hilfe zum unwiderruflichen Ausstieg verstehen. Auch wenn man

Heroin auf Rezept verschreibt, müssen sich die Drogenabhängigen von Ärzten kontrollieren lassen, schon allein um den Missbrauch zu verhindern. Ein Arzt wird die Drogendosis auch nicht beliebig steigern können, schließlich muss er doch wenigstens akute Gesundheitsgefahren ausschließen.
Wird Heroin freigegeben, besteht für viele kaum noch ein Anlass, sich mit Ersatzdrogen zufrieden zu geben. Die mit einem Entzug verbundenen Krisen werden viel schneller zu einem Rückfall führen, wenn Heroin leicht zu bekommen ist und man sich vielleicht auch Vorräte anlegen kann.
Wer sich zu einem Ersatzdrogenprogramm meldet, hat den ersten Schritt zur Lösung von der Droge getan. Süchtige, die sich grundsätzlich nicht von Ärzten, Psychologen oder Sozialarbeitern betreuen lassen wollen, werden sich auch nicht in staatlich kontrollierte „Heroinprogramme" begeben.

c) drittstärkste Eigenthese

Heroin ist kein Medikament.

Joachim Jahn nennt, offenbar ungewollt, das entscheidende Stichwort zur Behandlung der Frage einer Lockerung des generellen Verbots von Heroin in Zeile 6f. Dort spricht er von „Rauschgiftpolitik". Legt man hier die Betonung auf „Gift", so wird jedem deutlich, worum es geht. Es soll ein tödlicher Giftstoff wie ein Arzneimittel behandelt werden. Auch wenn man in der Medizin davon ausgeht, dass Gifte bei entsprechender Dosierung durchaus als Heilmittel wirken können, so ist das bei Heroin ganz offensichtlich nicht der Fall. Im Übrigen soll die Droge ja auch nicht in therapeutischen Mengen abgegeben werden, denn sonst würden die Süchtigen sich doch noch „Stoff" auf dem Schwarzmarkt besorgen. Wenn man sich im Weiteren klar macht, dass Heroin zu einer körperlichen Abhängigkeit führt, dauerhafte psychische Veränderungen bewirkt und die gewünschte Rauschwirkung nur durch ständige Steigerung der Dosis erreicht wird, verbietet sich die staatlich sanktionierte Abgabe wohl von vornherein. Bei vielen heute in jeder Apotheke erhältlichen Medikamenten liest man auf dem Beipackzettel, dass die dauerhafte Einnahme zu Abhängigkeiten führen kann und man bei Einnahme des Medikaments über einen längeren Zeitraum unbedingt einen Arzt aufsuchen muss. Wie sähe wohl der Beipackzettel eines Heroinpäckchens aus?
Wenn heute Ärzte wegen Sterbehilfe angeklagt werden, können sie nicht gleichzeitig legal Heroin verabreichen.

b) zweitstärkste Eigenthese

Der Staat darf seine eigenen Gesetze nicht unterlaufen.

Solange nach unserer Gesetzgebung Heroin, Kokain und andere harte Drogen zu den verbotenen Rauschgiften gehören, dürfen sich staatliche Stellen nicht an der Verteilung dieser Rauschmittel beteiligen. Dies würde zu einer

allgemeinen Rechtsunsicherheit führen, denn der Staat muss für die uneingeschränkte Durchsetzung seiner Gesetze sorgen.
Der Schutz des Lebens ist eine Hauptaufgabe des Staates, wie vertrüge sich damit der „Tod auf Krankenschein"?
Zwar ist es möglich, Gesetze zu ändern, doch fehlen dafür wohl die politischen Mehrheiten, zumal im übrigen Europa – und nicht nur hier – zur Zeit mit Deutschland vergleichbare rechtliche Regelungen bestehen. Dass von Kritikern der bestehenden Gesetze angeführte Beispiel der Schweiz ist hier kein Gegenargument, denn zum einen gibt es in der Schweiz keineswegs sämtliche Drogen einfach auf Krankenschein und zum anderen gehört die Schweiz nicht zur Europäischen Union und kann deshalb einen „Herointourismus" wirksamer verhindern als Deutschland. Wenn in unserem Land Heroin auf Rezept abgegeben würde, so wäre kaum zu verhindern, dass z. B. die Süchtigen aus Ländern der EU nach Deutschland kommen. Innerhalb Europas können EU-Bürger ihren Wohnsitz frei wählen. Ein Missbrauch der Heroinfreigabe durch Ärzte und Süchtige ist kaum zu verhindern.
Dieses Beispiel zeigt, dass eine Änderung der Drogenpolitik wie bei vielen anderen Politikbereichen nur im Rahmen einer gesamteuropäischen Lösung sinnvoll ist.

a) stärkste Eigenthese

Heroinabgabe macht die Abhängigen nur noch abhängiger und zerstört deren Gesundheit.

Bei allen Überlegungen zur Drogenpolitik darf man nicht vergessen, wer in erster Linie betroffen ist und wem man helfen will. Die Befürworter einer begrenzten Freigabe von Heroin stellen die Interessen der Gesellschaft, die in der großen Mehrheit ja nicht direkt, sondern nur indirekt betroffen ist, über die Interessen der Drogensüchtigen, die einfach nur als Kranke betrachtet werden müssen. Wie in vielen anderen Bereichen versucht unsere vermeintlich moderne Leistungsgesellschaft, die, wie die Werbung zeigt, nur die Gesunden, Schönen und Erfolgreichen kennt, ein Problem zu verdrängen.
Viele stört an der Drogensucht offenbar mehr die Beschaffungskriminalität und der „unschöne" Anblick von Heroinsüchtigen in den Innenstädten als das Schicksal der Betroffenen selbst. Wenn Ärzte in Praxen, Krankenhäusern oder Spezialkliniken Heroin an Süchtige abgeben, spart man sich vielleicht sogar Therapieplätze oder Sozialarbeiter.
Der sog. Normalbürger braucht den Anblick von „ausgemergelten Gestalten" (Zeile 19), wie Joachim Jahn es formuliert, nicht länger ertragen, die Polizei könnte sich wieder um „wirklich wichtige" Straftaten kümmern, auch den Drogenstrich gäbe es nicht mehr.
Aber die „ausgemergelten Gestalten" wären immer noch da, sie kämen weiterhin mit jedem „Schuß" dem Tod näher, nur eben auf Krankenschein und in der für die Allgemeinheit unsichtbaren Obhut von Experten.

Die Ursachenanalyse für den Drogenkonsum, der gerade bei Jugendlichen sicher mit einem enormen Leistungsdruck und einer gleichzeitigen Perspektivlosigkeit in einer Gesellschaft von mehr als vier Millionen Arbeitslosen zusammenhängt, braucht dann niemand mehr vorzunehmen. Wer mit seinem Leben nicht zurechtkommt, bekommt vom Arzt Beruhigungstabletten, und wenn die nicht mehr helfen, greift man eben zu harten Drogen.

Die Forderung nach Freigabe von Heroin ist aber nicht nur „menschenfeindlich", sondern auch unzeitgemäß, obwohl die Anhänger sie gern als besonders „modern" ausgeben. Das Gesundheitsbewusstsein in unserer Gesellschaft ist in den letzten Jahren enorm gestiegen. Bei Lebensmitteln wird jeder chemische Zusatz beargwöhnt. Verbraucherverbände laufen Sturm gegen gentechnisch veränderte Pflanzen, nicht artgerechte Tierhaltung und Giftstoffe in Kleidung oder Möbeln. Die „Genussgifte" Alkohol und Nikotin werden zunehmend geächtet. Schon heute ist die Fernsehwerbung für Zigaretten verboten, viele Politiker und Parteien fordern ein totales Werbeverbot auch für alkoholische Getränke. Vor diesem Hintergrund ist es mehr als erstaunlich, wenn Heroin und Kokain vom Staat offiziell ausgegeben werden sollen. Keine harte Droge ist bisher als „gesundheitsfördernd" eingestuft worden. Und im Unterschied zu Nikotin und Alkohol hört und liest man auch nirgends, dass geringe Mengen dieser Substanzen unschädlich seien.

Schluss (Fazit)

Wer eine Krankheit wie die Drogensucht bekämpfen will, muss die Umstände, die zur Krankheit führen, beseitigen, den Kranken durch eine wirksame Therapie helfen und die Menschen durch eine direkte Konfrontation mit dem Drogenproblem wachrütteln. All dies ist gefährdet, wenn man gefährliche Drogen – selbst mit Einschränkungen – legalisiert. Aus den genannten Gründen ist die Freigabe von Heroin grundsätzlich und ohne Ausnahme abzulehnen.

Fünfter Arbeitsschritt: Durchlesen und Korrektur der Arbeit

Lesen Sie den gesamten Text noch einmal durch und überprüfen Sie – ggf. mit Hilfe des DUDEN – Rechtschreibung und Zeichensetzung. Achten Sie besonders auf die Verwendung der indirekten Rede (Konjunktiv I) bei der Wiedergabe von Meinungen Dritter.
In einem zweiten Durchgang sollten Sie noch einmal den Inhalt und die Struktur Ihrer Arbeit überprüfen, missverständliche Formulierungen verbessern, Wiederholungen streichen, wichtige Aspekte ergänzen. Alle Zitate müssen deutlich ausgewiesen und wirklich wortgetreu sein.
Bei einer Erörterung kommt der Argumentationslogik eine besondere Bedeutung zu. Es ist deshalb zu empfehlen, am Schluss die Argumente auf ihre innere

Überzeugungskraft zu prüfen. Häufig ergeben sich bei Argumentationsgängen folgende Fehler:

Zirkelschluss	„Heroinsüchtige werden häufig rückfällig, deshalb scheitern viele Therapien."
falsche Verallgemeinerung	„Alles, was die Gesundheit gefährdet, sollte man verbieten."
falscher Analogieschluss	„Wer Rauschmittel nimmt, will sich nicht helfen lassen."

Diese Fehler können auch in den Ihnen gegebenen Textvorlagen auftreten.

2. Musterklausur Ulrich Greiner, Der Kanon und die Kanonen

Der Kanon und die Kanonen

Der Kanon ist ein Spatz, auf den man nicht mit Kanonen schießen sollte. Aber kaum ist von ihm die Rede, regen sich die Aggressionen. Kaum führt die *ZEIT* (wie im Sommer 1997) eine Kanon-Debatte, um die großen Werke der Weltliteratur wieder ins Zentrum der Aufmerksamkeit zu rücken, da poltert es von allen Seiten: Oberlehrer, Gralshüter! Und kaum plädiert Bundespräsident Roman Herzog für literarische Bildung (wie jetzt wieder, als er in Weimar die Veranstaltungen zur „Kulturhauptstadt Europas" eröffnete), verspottet ihn die *Frankfurter Allgemeine Zeitung* als „pensionierten Bahnwärter, der mit den Fähnchen winkt, während der Zug der Zeit vorbeirast". Ja, der Zug der Zeit, wer da mitfahren könnte! Aber wohin fährt er?

Seltsam. Als ob eine Zeitung, als ob ein Bundespräsident (und heiße er Herzog) verbindliche Leseverordnungen erlassen wollte, gar könnte. „Kultur und Zivilisation sind niemals ein für allemal fester Besitz. Sie müssen von jedem einzelnen, von jeder Generation immer wieder aufs neue errungen werden. Dazu gehört, daß man seine eigene Tradition kennt." Daß es gelingen kann, mit solchen (Pardon, Herr Präsident!) Banalitäten Anstoß zu erregen, ist ein schöner Zug der Zeit.

Er rast ja keineswegs nach Analphabetanien. Eine Hamburger Schulrätin sagte kürzlich gesprächsweise, daß es unter den Schülern, wie zu allen Zeiten, einen stabilen Kern von Lesern gebe. Für die ist sonnenklar (was ja auch die *ZEIT*-Serie „Mein Jahrhundertbuch" zeigt), daß Proust oder Joyce oder Kafka oder Thomas Mann zum literarischen Bestand gehören. Das kann man Kanon nennen oder nicht. Aber etwas, so die Schulrätin, sei heute anders: Literarische Unbildung traut sich. Wer nicht liest, aus Mangel an Zeit oder Verstand, bekennt dies frohgemut.

Damit aber ist der Gewinn bedroht, den die Arbeiterbewegung, von den Bildungsvereinen bis zur Büchergilde, mühsam erkämpft hat: daß nämlich auch diejenigen, deren Elternhäuser frei von Bücherregalen sind, die Chance der Partizipation haben. Die ist eben kein Luxus. Es hat Folgen, ob einer seinen Geist und seine Sprache, also das Verständnis der Welt und seiner selbst, an Aristoteles und an der Bibel, am *Parzival* und am *Faust,* an *Effi Briest* und *Madame Bovary* schulen kann. Oder nicht.

Wenn öffentlich der Anschein erweckt wird, es sei letzten Endes egal, was man liest, eigentlich sei es sogar gescheiter, sich mit *Windows* zu befassen als mit der *Antigone,* dann gleicht das einem Betrug. Weil damit Bildung wieder zum alleinigen Besitz derjenigen wird, die sowieso Bescheid wissen und mit ihrer besseren Kenntnis von Tradition und Geschichte besser gerüstet sind für die Gegenwart. Diejenigen, die lesen können, werden lesen. Für die braucht man keinen Kanon, weil der sich unter Lesern immer neu von selber herstellt. Den Kanon, als das Verzeichnis der prägenden Werke, braucht man für die anderen, die das Glück einer guten Schule und eines anspruchsvollen Elternhauses nicht haben.

„Ich bin", sagte der Bundespräsident in Weimar, „fest davon überzeugt, daß es der Bildung der Schüler nicht schaden würde, wenn man über einen Kanon nachdächte." Wäre das konservativ, gar reaktionär? Was der Kanon an Werten vermittelt, steht doch gar nicht fest, weil jede Lektüre ihr eigenes Recht hat, ihre eigene Lesart erzeugt. Und jeder Kanon bringt seinen Gegenkanon hervor. Das können selbst Kanonen nicht verhindern. ULRICH GREINER

DIE ZEIT 25. 2. 1999.

Aufgaben

1. Geben Sie die Kernaussagen des Textes mit eigenen Worten wieder und analysieren Sie die sprachlichen Mittel, die der Autor einsetzt, um seine Leser zu überzeugen.
2. Erörtern Sie das Problem der Einführung eines verbindlichen Literaturkanons an Schulen.

Beachten Sie folgende Arbeitsschritte, um der Aufgabenstellung gerecht zu werden:

Die Arbeitsschritte

Erster Arbeitsschritt: Sichtung der Aufgabenstellung und kursorisches Lesen des Textes

Die aus drei Unteraufgaben (Inhaltswiedergabe, Analyse, Erörterung) bestehende Prüfungsaufgaben sollten Sie kurz erfassen und den Text zunächst kursorisch lesen, um einen ersten Eindruck von der Gesamtthematik und Ihrem Arbeitsauftrag zu bekommen.

Zweiter Arbeitsschritt: Erschließung des Inhalts, der Form und der Intention des vorgegebenen Textes

Eine genaue Analyse der Textgrundlage ist die Voraussetzung für eine eigene fundierte Stellungnahme im Rahmen einer Erörterung. Die Problemstellung muss Ihnen in allen wichtigen Aspekten deutlich werden.

Dritter Arbeitsschritt: Erstellen eines Konzeptes zur Bearbeitung der Aufgaben

Da die Aufgaben im Hinblick auf den Schwierigkeitsgrad in der Regel unterschiedlich gestaltet sind, müssen Sie Ihre Bearbeitung hierauf ausrichten. Für die eigene Erörterung brauchen Sie mehr Zeit als für die thesenartige Zusammenfassung des vergleichsweise kurzen Prüfungstextes, nicht zuletzt, weil Sie für Ihre Erörterung erst ein eigenes Gliederungsschema entwickeln müssen.

Vierter Arbeitsschritt: Formulierung einer Analyse der Textvorlage und einer selbstständigen Erörterung

Die inhaltliche und formale Texterschließung der vorangegangenen Arbeitsschritte muss nun zusammengefasst gedeutet und in einen Gesamttext zu Papier gebracht werden. Eine zentrale Rolle kommt hierbei der Analyse der sprachlichen Mittel zu.
Die eigene Erörterung sollte unbedingt durch eine klare Argumentationsstruktur und eindeutige Thesen gekennzeichnet sein.

Fünfter Arbeitsschritt: Durchlesen und Korrektur der Arbeit

Selbstverständlich müssen Sie am Schluss ihren Eigentext noch einmal genau durchlesen, um Verstöße gegen die Rechtschreibungs- und Zeichensetzungsregeln zu korrigieren. Aber auch inhaltlich könnten noch letzte Verbesserungen nötig sein. Sie brauchen hierfür also noch ausreichend Zeit.

Durchführung der Arbeitsschritte

Erster Arbeitsschritt: Sichtung der Aufgabenstellung und kursorisches Lesen des Textes

1. Sammeln von Ersteindrücken

Die drei Aufgabenteile verlangen jeweils eine unterschiedliche Bearbeitung. Sie sollen zum einen Thesen aus einem Text erheben, diesen Text inhaltlich und sprachlich analysieren und schließlich eine eigene Erörterung zu dem im Artikel behandelten Thema erstellen. Die kursorische Lektüre sollte auf die zentralen Gedanken hinlenken. Beispiele, Namen, Eingeklammertes oder hier noch unklare Begriffe bleiben zunächst unberücksichtigt. Als Faustregel für diese Erstlektüre kann gelten, dass kürzere Absätze in der Regel eher prägnante Thesen enthalten als längere.

- Schreiben Sie aus den Aufgabenstellungen die konkreten Handlungsanweisungen kurz heraus. Achten Sie dabei auf Prädikate.

- Versuchen Sie etwa vier oder fünf Hauptthesen des Autors mit eigenen Worten zu formulieren.

Bei Problemstellungen, von denen Sie in dieser Form nur am Rande oder gar nichts gehört haben, suchen Sie folgende Fragen zu klären:

- Wer äußert sich wann und wo zu diesem Problem?
- Wer ist direkt, wer indirekt betroffen?
- Liegt das Problem in meinem persönlichen Erfahrungsbereich?
- Verfüge ich über Vorinformationen zur Gesamtproblematik?
- Welche Interessen (persönlich, politisch, wirtschaftlich, religiös u.a.m.) haben die Vertreter des Pro bzw. des Contra?
- Wo liegt der aktuelle Bezug des Themas?

Diese Leitfragen bieten Ihnen nicht nur einen ersten Zugang, sondern sind auch hilfreich bei der Formulierung einer Einleitung zu Ihrer Erörterung.

2. Ordnen der Leseeindrücke

Die Überschrift und die Quellenangabe (DIE ZEIT gilt als Deutschlands führende Zeitung im Bereich des kulturellen, speziell des literarischen Lebens) machen bereits die im Text zur Sprache kommende Thematik (Literaturkanon) sowie die kulturpolitische Bedeutung des Problems deutlich.
Der mit Vor- und Zuname des Autors versehene Artikel und das Wortspiel in der Titelzeile lassen vermuten, dass hier ein Journalist der ZEIT seine Meinung zu einem kontrovers diskutierten, aktuellen Thema vorstellt. Es handelt sich also nicht um eine Nachricht, sondern einen Kommentar. Der Text ist im Präsens, der gängigen Zeitform für Erörterungen, geschrieben. Konkreter Anlass des Artikels ist eine Rede des früheren Bundespräsidenten Herzog, der ebenfalls zum Thema Literaturkanon gesprochen hat.

- Lesen Sie den Artikel aufmerksam durch und unterstreichen Sie Passagen, in denen der Autor seine persönliche Meinung zum Ausdruck bringt. In einem zweiten Schritt vermerken Sie die Passagen, in denen er die Meinung Dritter referiert.

Unklare Begriffe streichen Sie an und suchen Sie aus dem Textzusammenhang oder mit Hilfe des DUDEN zu klären. Es ist immer sinnvoll, Fremdwörter nachzuschlagen, um ihren genauen Bedeutungsrahmen zu erfassen. Im Rechtschreibduden finden Sie zum Zentralbegriff Kanon folgenden Eintrag:

[1]**Kanon,** der; -s, -s <sumer.-lat.> (Maßstab, Richtschnur; Regel; Lied, bei dem mehrere Stimmen nacheinander mit der Melodie einsetzen; Liste der kirchl. anerkannten bibl. Schriften; in der kath. Liturgie das Hochgebet der Eucharistie; kirchenamtl. Verzeichnis der Heiligen; kirchenrechtliche Norm [*fachspr. Plur.* Kanones ('ka:none:s)]; Verzeichnis mustergültiger Schriftseller); [2]**Kanon,** die; – (ein alter Schriftgrad)

Sie müssen nun zunächst die im Zusammenhang mit dem Klausurthema passende Definition herausfinden. Da es dem Autor Ulrich Greiner weder um religiöse Fragen noch um mehrstimmigen Gesang geht, kommt nur die Erklärung „Maßstab, Richtschnur; Regel (...) Verzeichnis mustergültiger Schriftsteller" in Betracht. Die Erläuterungen des lateinischen Wortes Kanon geben Ihnen aber auch darüber hinaus wichtige Aufschlüsse für die Textbearbeitung. Der Begriff kommt offensichtlich ursprünglich aus dem religiösen Bereich. Wenn mit „Kanon" auch die kirchlichen anerkannten biblischen Schriften und das Verzeichnis der Heiligen bezeichnet werden, so haftet schon dem Begriff etwas Besonderes, Vorbildhaftes, Ehrwürdiges, fast schon „Heiliges" an.

- Markieren Sie Ihnen unklare Begriffe und Wendungen und versuchen Sie sie aus dem Zusammenhang und mit Hilfe von Nachschlagewerken zu verstehen.

Zweiter Arbeitsschritt: Erschließung des Inhalts, der Form und der Intention des vorgegebenen Textes

1. Bildung von Thesen

Primär muss der Inhalt des Textes erschlossen werden, bevor man Thesen bilden kann. Zur Inhaltserfassung ist der Artikel zunächst in Sinnabschnitte zu untergliedern. Die einzelnen Absätze sind hierbei eine wichtige Orientierung, decken sich aber nicht notwendig mit größeren Sinnabschnitten. Sie können bei der inhaltlichen Erschließung eines Textes grundsätzlich zwei Wege beschreiten:

a) linear = Beibehaltung der inhaltlichen Abfolge der Vorlage

b) systematisch = Neuordnung der Gedankengänge der Vorlage nach selbstgewählten übergeordneten Gesichtspunkten

Wählen Sie die systematische Vorgehensweise, so sollten Sie die Gesichtspunkte, unter denen Sie die Aussagen der Textvorlage neu ordnen, in einem Einleitungssatz kurz benennen.

Beispiele:
Betrachtet man zunächst die wichtigsten Thesen des Autors, so fällt auf ...
Sehr knapp werden folgende Fragestellungen behandelt ...
Provokativ wirken vor allem die Thesen ...

Die Neuordnung stellt immer schon eine gewisse Wertung dar. Sie überschreiten damit die Grenze zwischen Textwiedergabe und Textanalyse. Dies darf nicht mit der jeweiligen Aufgabenstellung kollidieren!

Nach linearer Vorgehensweise lassen sich in der vorgegebenen Textvorlage inhaltlich vier wesentliche Aspekte unterscheiden:

Zeile 1 – 12	Verfechter eines Literaturkanons wie die ZEIT oder der Bundespräsident Herzog werden heute vielfach als rückständig verspottet.
Zeile 13 – 29	Schon der Hinweis, dass sich jede Generation erneut die klassischen Werke der Weltliteratur wie Texte von Proust, Kafka, Th. Mann oder Joyce aneignen muss, errege Aufsehen, obwohl es auch unter Schülern nach wie vor einen festen Kern von Lesern gebe.
Zeile 30 – 37	Ein Erfolg der Arbeiterbewegung, der Zugang zur klassischen Literatur unabhängig von der sozialen Herkunft, sei bedroht, wenn Heranwachsende Geist und Sprache nicht mehr an traditionellen literarischen Werken schulen können.
Zeile 38 – 55	Wer behauptet, es sei egal, was man lese, betrüge gerade diejenigen um den Zugang zur Kultur, die nicht aus priviligierten Elternhäusern stammen. Ein literarischer Kanon sei nicht konservativ oder gar reaktionär, zumal jeder Kanon einen Gegenkanon hervorbringe.

In der Aufgabenstellung wird die Inhaltserfassung in Form von Thesen verlangt. Der Text muss also zunächst auf seine Kernaussagen hin untersucht werden.

Bei der Textbearbeitung gilt es also zunächst, die Leitsätze von Argumenten, Beispielen, Einschüben usw. zu trennen. Hier gibt die Sprachform erste Orientierungen. Kürzere Aussagesätze, Ausrufe und Ellipsen sind Thesen eher angemessen als Fragen oder hypotaktische Wendungen, auch in Zitaten können sich Thesen verbergen. Häufig sind diese auch in Verbindung mit modalen Hilfsverben wie sollen, müssen, brauchen, dürfen oder können zu finden. Feststehende Wendungen und abgewandelte Sprichwörter verweisen oft auf Kernaussagen. Beispielhaft lässt sich das am ersten Satz der Abhandlung Greiners erläutern. Dort heißt es: „Der Kanon ist ein Spatz, auf den man nicht mit Kanonen schießen sollte".

Das ursprüngliche Sprichwort lautet:
„Mit Kanonen auf Spatzen schießen!"

Deutung:
Man soll die Maßstäbe nicht verlieren, man darf Harmloses nicht sinnlos und mit aller Gewalt bekämpfen.

Textbezogene Deutung:
Der Kanon hat die scharfe Ablehnung nicht verdient, die Kritiker eines Kanons haben jeden Maßstab verloren und führen einen unsachlichen, ideologischen Kampf.

Um Thesen genau zu erfassen, ist es hilfreich, nicht nur Passagen anzumerken und anschließend zu zitieren, sondern eigene Formulierungen (möglichst nur wenige Hauptsätze) zu finden.

■ Schreiben Sie aus dem Text Thesen in eigenen Formulierungen heraus. Achten Sie dabei auf die Sprachform.

Nach Abschluss dieses Arbeitsschrittes könnten folgende Thesen zu Papier gebracht werden:

Hauptthese Greiners: Ein vernünftig gestalteter Literaturkanon ist im Prinzip zu begrüßen.

Thesen im Einzelnen:
- Ein Literaturkanon für Schüler wird zu Unrecht angefeindet.
- Die Kritiker eines Kanons haben jeden Maßstab verloren und sind voller Aggressionen.
- Befürworter eines Kanons wie der Bundespräsident werden grundlos verspottet.
- Nach wie vor gibt es unter Schülern einen stabilen Kern von Lesern, die zentrale Werke der Weltliteratur kennen.
- Literarische Unbildung ist heute allerdings vielen nicht mehr peinlich.
- Mit der Abschaffung des Kanons schadet man besonders bildungsfernen Schichten.
- Ein Kanon ist an sich weder konservativ noch reaktionär.
- Jeder Kanon bringt einen Gegenkanon hervor.

Eine weitergehende Untergliederung zur Bearbeitung der ersten Aufgabe ist nicht erforderlich; die Thesen sprechen für sich selbst. Allerdings müssen Sie auch diese Aufgabenstellung mit einem Einleitungssatz beginnen, in dem Sie Autor, Quelle und Aufgabe nennen.

2. Erschließung des Argumentationsmusters

Nachdem durch die Thesenbildung die rein inhaltliche Arbeit am Text zunächst abgeschlossen ist, kommt es nun darauf an, die formalen Besonderheiten der Argumentationsstruktur zu erfassen und mit Inhalt und Aussageabsicht zu verbinden. Argumentativen Texten, die in sich logisch und realistisch ein oder mehrere Probleme beleuchten, liegt in der Regel eine schon in der Antike entwickelte allgemeine Schlussregel – auch Syllogismus genannt – zugrunde, die sich auf folgendes einfaches Schema zurückführen lässt:

I. Feststellung einer allgemein gültigen Tatsache (1. Prämisse):
Planeten bewegen sich um eine Sonne.
(Planeten = um Sonne bewegen → a = b)

II. Spezialfall aus der Gesamtheit der Möglichkeiten (2. Prämisse):
Die Erde ist ein Planet.
(Erde = Planet → c = a)

III. Schluss vom Allgemeinen auf das Besondere (Konklusion):
Die Erde bewegt sich um die Sonne.
(Erde = um Sonne bewegen → c = b)

In Texten sind diese Syllogismen oft nur schwer zu erkennen, sie sind aber Grundvoraussetzung für eine stimmige, d. h. widerspruchsfreie Argumentationskette. Dabei müssen die einzelnen Sätze sowohl inhaltlich als auch sprachlich logisch sein, also keine falschen Allgemeinaussagen oder fehlerhaften Schlussfolgerungen enthalten.
Bei der Analyse von Texten und der Formulierung einer eigenen Argumentationsfolge müssen Sie diese Grundregeln des Syllogismus befolgen. Oft geht es dabei nur um sprachliche Veränderungen. Falsch wäre etwa die Tatsachenfeststellung: „Alle Himmelskörper, die sich im Weltraum bewegen, nennt man Planeten". Von diesem Satz aus kann man nicht logisch weiter argumentieren, weil er Voraussetzungen (Prämissen) enthält, die nicht wirklich allgemeingültig sind. Die strenge Form des Syllogismus ist allerdings nur in wissenschaftlichen Abhandlungen zwingend, in journalistisch geprägten Erörterungen wie Leitartikeln, Kommentaren, Presseerklärungen usw. wird die reine Form des Syllogismus oft verwischt.

Solch eine gleichsam verwischte Form des Syllogismus finden Sie in Ulrich Greiners Text beispielsweise in den Zeilen 21 – 26:

I. Es gibt einen festen Kern von Schüler, die lesen.
(Schüler = lesen → a= b)

II. Gelesen wird auch der Kanon.
(lesen = Kanon → b = c)

III. Einige Schüler lesen den Kanon.
(Kanon = Schüler → c = a)

3. Sprachliche Auffälligkeiten

Schon in der Überschrift und im ersten Satz fällt auf, dass Greiner Wortspiele benutzt und ein Sprichwort abwandelt. Er will also keineswegs eine nüchtern sachliche Beschreibung eines Problems bieten, sondern schon zu Anfang den Leser auch emotional ansprechen.
Bei der Formanalyse ist es unabdingbar, dass Sie die erkannten Formelemente, zu denen auch Wortwahl und Stilfiguren zählen, jeweils deuten, d.h. zur Aussageabsicht des Gesamttextes in Beziehung setzen; reine Aufzählungen von Metaphern, Alliterationen, Symbolen usw. sind unsinnig. (Zu den häufig vorkommenden Stilfiguren in erörternden Texten vgl. die 1. Übersicht in den Beilagen.)

- Markieren Sie ggf. mit farbigen Stiften Ihnen auffallende formale Besonderheiten (Abfolge von These, Argument, Beispiel; Wortwahl, Stilmittel).

Orientieren Sie sich bei Ihrer Bearbeitung an dem 3. Analysemodell (siehe Beilagen).

Dritter Arbeitsschritt: Erstellen eines Konzeptes zur Bearbeitung der Aufgaben

Die Aufgabenstellungen lauteten:
1. Geben Sie die Kernaussagen des Textes mit eigenen Worten wieder und analysieren Sie die sprachlichen Mittel, die der Autor einsetzt, um seine Leser zu überzeugen.
2. Erörtern Sie das Problem der Einführung eines verbindlichen Literaturkanons an Schulen.

1. Gliederung

Aufgabe 1: Für die Bearbeitung der ersten Teilaufgabe ist eine eigene Gliederung nicht erforderlich. Sie müssten nach einem Einleitungssatz lediglich die Reihenfolge der Thesen bedenken. Es spricht nichts dagegen, dass Sie dabei der Abfolge des Textes folgen, nur müssten Sie die Zentralthese des Textes am Anfang oder am Schluss klar herausstellen. Zur genaueren Typisierung und Klassifizierung von Einleitungs- und Schlussteilen finden Sie nähere Informationen in den Beilagen (4. Übersicht).

Die zweite Teilaufgabe sollten Sie nach folgender Gliederung bearbeiten:

A) Einleitung (z. B. Problemaufriss)
B) Hauptteil (Darstellung formaler Besonderheiten und deren Deutung)
C) Schluss (z. B. Zusammenfassung)

Aufgabe 2: Auch bei der zweiten Aufgabe muss diese Dreigliederung deutlich werden. Hier gilt es allerdings eine eigene Erörterung zu verfassen, die eine stringente Argumentationsfolge aufweist. Sie müssen sich über die Form ihres Eigentextes noch weitere Gedanken machen. Sie können wie in der 1. Musterklausur dem sog. Doppeltrichtermodell folgen (vgl. auch Beilagen, 3. Übersicht), also mit den Contrathesen, in Abstufung nach Gewichtigkeit, beginnen und dann im Pro-Teil die eigenen Thesen darlegen, begründen und mit Beispielen illustrieren. In der Textvorlage wird aber anders verfahren und da Sie sich inhaltlich auf diesen Text beziehen werden, bietet es sich an, ihm auch in der Form zu folgen.
Greiner verschränkt jeweils These/Begründung mit Gegenthese/Entkräftung (Prinzip der Reihung), er orientiert sich damit an folgendem Schema:

1. These + Begründung + Beispiel(e)
   ↓
   Gegenthese + Begründung (= Entkräftung, ggf. Beispiel)

2. These + Begründung + Beispiel(e)
   ↓
   Gegenthese + Begründung (= Entkräftung, ggf. Beispiel)

3. These + Begründung + Beispiel
   ↓
   Gegenthese + Begründung (= Entkräftung, ggf. Beispiel) usw.

Wie beim sog. Doppeltrichter ergibt sich auch hier eine Steigerung innerhalb des eigenen (Pro-)Argumentationsganges. Er beginnt mit einem Wortspiel (Kanon – Kanonen) und endet mit grundsätzlichen kulturpolitischen Überlegungen (Stichworte: Betrug/Arbeiterbewegung/konservativ/reaktionär ...). Bei den Gegenthesen verfährt Greiner ähnlich. Zunächst wirft er den Gegnern eines Kanons vor, dass sie im übertragenen Sinn mit „Kanonen" schießen. Am Schluss verweist er auf den Gegenkanon, den jeder Kanon hervorbringe und greift das Wort Kanonen wieder auf, um seine Gegner der Lächerlichkeit preiszugeben. Die mehr oder weniger wörtliche Wiederaufnahme des Anfangs im Schlusssatz ist für Erörterungen typisch, denn sie gibt dem Abwägen von Pro und Contra einen Rahmen.

- Bringen Sie die im Text genannten Thesen und Gegenthesen in eine nach Wichtigkeit geordnete Reihenfolge.

Die Gewichtung Ihrer Argumentationsschritte können Sie z. B. festlegen, indem Sie die einzelnen Thesen und Gegenthesen kurz mit Plus- oder Minuszeichen versehen:

stimme voll zu: + + +

stimme weitgehend zu: + +

stimme mit einigen Einschränkungen zu: +

lehne völlig ab: – – –

lehne weitgehend ab: – –

lehne mit Einschränkungen ab: –

Zwingen Sie sich jeweils zu einem Urteil; es gibt hier keine +/– Kategorie. Jede These/Gegenthese kann beurteilt werden. Stellen Sie sich dabei Fragen wie: Was gefällt mir spontan am besten? Was regt mich zum Nachdenken an? Welche Formulierung ist besonders originell? Zu welcher These fällt mir kein Gegenargument ein? usw.

2. Stil

In einem weiteren Arbeitsschritt müssen Sie darauf achten, wie Greiner die unterschiedliche Wertigkeit der Einzelthesen formal gestaltet. Beginnend mit den Gegenthesen ist z. B. auffällig, dass er bei diesem Argumentationsschritt häufig ironische Bemerkungen einfließen lässt.
Die im zweiten Arbeitsschritt erkannten Stilmittel (Ironie, Wortspiele ...) sollten zunächst nach Häufigkeit geordnet und in dieser Reihenfolge auch analysiert werden. Anders als bei Gedichten können sie singulär auftretende Stilmittel, wenn sie nicht besonders hervorgehoben sind – z. B. in Überschriften – , durchaus übergehen.
Der Stil Ihres eigenen Kommentars ist abhängig von der Grundanlage Ihrer Erörterung, die wie fast alle Sachtexte in eher appellative – also die Gefühle und Empfindungen ansprechende – und informative – also die Vernunft und Logik ansprechende – Formen zu unterteilen sind. Die Erörterung muss sich vor reinen Appellen hüten, weil hier oft nur behauptet, aber nicht argumentiert wird.

3. Eigentext

Zur Ideensammlung bei der Bearbeitung der zweiten Aufgabe eignet sich die sog. Cluster-Methode. Sie schreiben auf ein quer gelegtes Din-A4-Blatt ein relevantes Stichwort und tragen dann Ihnen dazu einfallende Begriffe und Fragen auf das Blatt ein, die Sie später nach Wichtigkeit oder Originalität ordnen und mit dem Ursprungsbegriff verbinden. Aus der Aufgabenstellung ergeben sich die hier entscheidenden Begriffe: Schule, Literaturkanon, verbindliche Einführung.

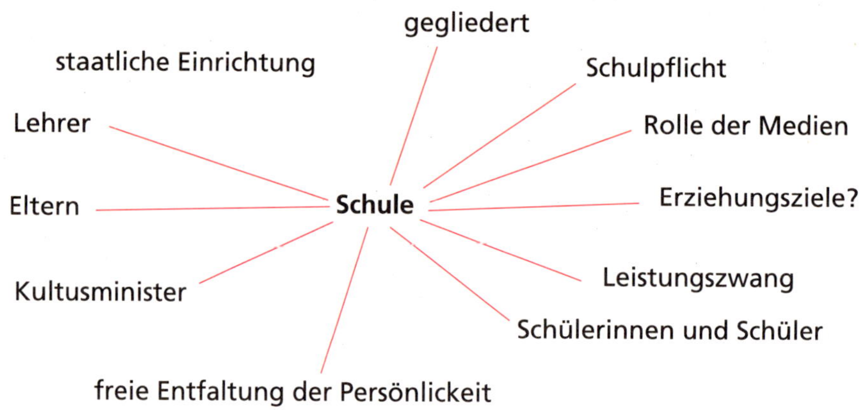

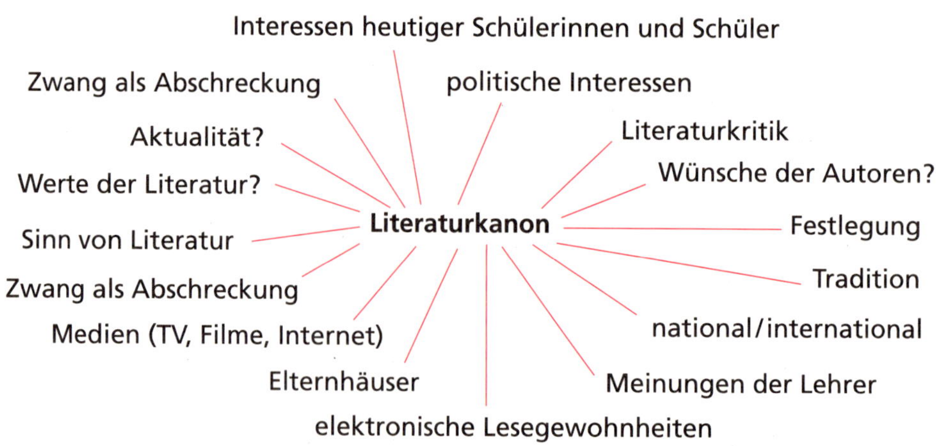

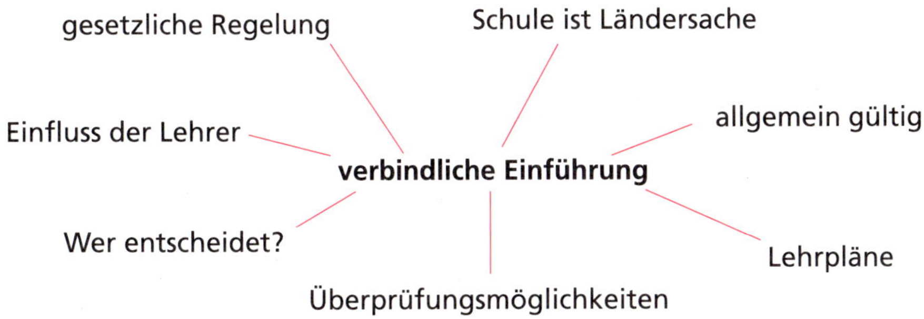

Reihenfolge und inhaltliche Schwerpunkte der Bearbeitung von Aufgabe 2 können so festgelegt werden. Sie sollten bei Bedarf die Clusterung um weitere Begriffe ergänzen. Das Argumentationsschema ist abhängig von der Textintention. Lehnen Sie in Opposition zu Greiners Text einen Literaturkanon grundsätzlich ab, bietet sich das Prinzip der Reihung an. Nach Wichtigkeit geordnet werden These und Gegenthese mit den notwendigen Erläuterungen aufgereiht.

- Nicht alle Begriffe eines Clusters können im Eigentext aufgenommen und erläutert werden. Konzentrieren Sie sich bei der Auswahl also auf die zentralen Problemstellungen.
- Die gefundenen Begriffe und Fragestellungen müssen sich von den Formulierungen des Ausgangstextes deutlich unterscheiden, andernfalls besteht die Gefahr, dass Sie schon genannte Argumente paraphrasieren, also inhaltlich wiederholen und lediglich sprachlich verändern.

Vierter Arbeitsschritt: Formulierung einer Analyse der Textvorlage und Abfassung einer selbstständigen Erörterung

Die erste Aufgabe lautete:
Geben Sie die Kernaussagen des Textes mit eigenen Worten wieder und analysieren Sie die sprachlichen Mittel, die der Autor einsetzt, um seine Leser zu überzeugen.

- Setzen Sie Ihre Stichworte zur Textbearbeitung in einen zusammenhängenden Text um.

1. Textanalyse

Die erste Teilaufgabe ist mit der Thesenbildung abgeschlossen, bei der zweiten müssen Sie die herausgefundenen formalen Besonderheiten deuten und in einem zusammenhängenden Text vorstellen. Zunächst muss in der Einleitung die zu bearbeitende Quelle genau benannt und die Grundsatzproblematik dargestellt werden (dies kann in einem Satz erfolgen), um dann im Hauptteil die Argumentationsstruktur sowie Wortwahl und Stilmittel zu erläutern und im Schlussteil die für diesen Text charakteristische Verbindung von Form und Inhalt zu benennen.
Wichtig ist – vor allem bei Zeitungstexten und öffentlichen Reden – zwischen Anlass und Ursache der Problemdiskussion zu unterscheiden. Allgemein gilt:

Anlass: tagesaktueller Bezug eines Problems
Beispiel: Ein inhaftierter Gewalttäter entflieht bei einem Freigang.

Ursache: längerfristiger Hintergrund eines Problems
Beispiel: Haftbedingungen / Wiedereingliederung von Straftätern

Greiner schreibt seinen Artikel aus Anlass der Rede des Bundespräsidenten und behandelt die Ursache des Problems (Bildung ist bedroht, vernachlässigt man den Literaturkanon).

- Verbinden Sie die herausgefundenen formalen Besonderheiten des Artikels zu einer Gesamtanalyse nach der im dritten Arbeitsschritt festgelegten Gliederung.

A. Einleitung
(Grundform I; vgl. Beilagen, 4. Übersicht)

In dem mir vorliegenden Artikel „Der Kanon und die Kanonen" von Ulrich Greiner aus der ZEIT vom 25. 2. 1999 greift der Verfasser die Gegner eines verbindlichen Literaturkanons scharf an und tritt in einer sich inhaltlich und formal steigernden Argumentationskette für die Beibehaltung bzw. Einführung eines Kanons in Schulen ein, der alle Schülerinnen und Schüler mit den zentralen Werken der Weltliteratur vertraut mache. Als Anlass seines Beitrages dient eine Rede des damaligen Bundespräsidenten Herzog zu diesem Thema.

B. Hauptteil

Der Autor reiht These an Gegenthese, die er jeweils mit Begründungen und Beispielen versieht. Die gesamte Argumentation will die Notwendigkeit eines vernünftig gestalteten Literaturkanons beweisen. Zunächst erklärt er, dass ein Literaturkanon zu Unrecht angefeindet werde. Die Kritiker des Kanons hät-

ten jeden Maßstab verloren und seien voller Aggressionen; auch der Bundespräsident Herzog, der sich für einen solchen Kanon ausgesprochen habe, werde z. B. in einem Artikel der Frankfurter Allgemeinen Zeitung (FAZ) mit ironischen Bemerkungen bedacht.
Mit der Abschaffung des Kanons schade man besonders jungen Leuten, die aus sozialen Schichten stammen, die nicht über eine höhere Schulbildung verfügen. Ein Kanon sei an sich weder konservativ noch reaktionär.
Im Übrigen sei die Festlegung eines Kanons auch insofern kein Problem, als jeder Kanon einen Gegenkanon hervorbringe und sich also unterschiedliche kulturelle und politische Interessen durchaus in der Kanondiskussion widerspiegeln. Ein Kanon sei also nicht sozusagen einmal für immer festzuschreiben.
Stilistisch unterstreicht Greiner die Naivität der Kritiker, indem er z. B. Sprichworte abwandelt. So heißt es schon in Zeile 1ff.: „Der Kanon ist ein Spatz, auf den man nicht mit Kanonen schießen sollte." Da das ursprüngliche Sprichwort lautet „mit Kanonen auf Spatzen schießen", macht er damit deutlich, dass die Kritiker eines Kanons ideologisch verblendet seien, jedes Maß verloren hätten und einen im Grunde also durchaus lächerlichen Kampf führten.

Die ironische Wendung „Daß es gelingen kann, mit solchen (...) Banalitäten Anstoß zu erregen, ist ein schöner Zug der Zeit" (Zeile 18ff.) greift auf Formulierungen des kanonkritischen Artikels der Frankfurter Allgemeinen Zeitung zurück, in dem sich ein Journalist über die Ansichten Roman Herzogs mokiert, und sucht damit die vom Verfasser beabsichtigte Komik gegen ihn zu wenden. Lächerlich wirkt nun nicht mehr der vermeintlich rückständige Bundespräsident, sondern der Journalist der FAZ.

Greiner bleibt im Bild, wenn er im Weiteren davon spricht, dass der Zug der Zeit keineswegs nach „Analphabetanien" (Zeile 21) reise. Diese Wortspiele und Wortneuschöpfungen lenken die Aufmerksamkeit des Lesers auf eine neue These, die durch den Hinweis auf die Aussagen einer Schulrätin (Autoritätsargument) sowie durch Beispiele (vgl. Zeilen 24 – 26) erläutert wird. Nach wie vor gebe es unter Schülern einen festen Kern von Lesern. In einem Syllogismus konstatiert er dann, dass diese Schüler auch Werke lesen, die man traditionell dem Kanon der Weltliteratur – wie die Werke von Proust, Joyce, Kafka oder Thomas Mann – zurechnet, folglich zumindest auch eine bestimmte Gruppe heutiger Schülerinnen und Schüler sich wie selbstverständlich an einem Kanon orientiere.
Problematisch erscheint ihm, dass es sich hierbei um Schülerinnen und Schüler aus Elternhäusern handele, die man wohl dem Bildungsbürgertum zurechnen könnte, und im Umkehrschluss Kinder aus anderen Elternhäusern davon abgeschnitten seien. Eine wichtige Errungenschaft der Arbeiterbewegung sei bedroht, wenn sich im Bildungsbereich eine Zwei-Klassen-Gesellschaft entwickele.

Für bedenklich hält es Greiner vor allem, dass es heute offenbar niemandem mehr peinlich ist, wenn er über keine oder nur geringe literarische Bildung verfüge. In der heutigen Zeit gilt schöngeistige Literatur offenbar immer mehr als zu vernachlässigendes Bildungsgut. Greiner sieht darin aber nicht nur eine kulturpolitische Frage, sondern weist auch auf gesellschaftspolitische Aspekte des Themas hin, die sich auf die Grundlagen unserer Demokratie beziehen. Voraussetzung einer freien und demokratischen Gesellschaft ist der offene Zugang zur Bildung, unabhängig von der sozialen, religiösen oder ethnischen Herkunft.
Wenn die Öffentlichkeit den Eindruck erwecke, es sei egal, was man lese, dann treffe dies nur die traditionell bildungsfernen Schichten, weil deren Kinder nun keine Orientierung mehr bekämen und ihr Lesedrang sozusagen ins Leere liefe. Ein Kanon könnte helfen, diese Benachteiligung zu mindern, wenn nicht gar zu beseitigen. Der Sohn oder die Tochter eines Staatsanwaltes oder Arztes liest dann eben im Wesentlichen dieselben Bücher wie Sohn oder Tochter eines Arbeiters. Gibt es einen von der Gesellschaft akzeptierten Kanon, kann sich auch derjenige daran orientieren, der nicht das Glück hatte, besondere Schulen zu besuchen.
Greiner stellt im Hauptteil seines Artikels über den Literaturkanon das Thema also in einen grundsätzlichen Zusammenhang über das Funktionieren in unserer Demokratie, die gefährdet erscheint, wenn sich Bildungseliten „fortpflanzen" und Menschen aufgrund ihrer Herkunft keine umfassende Bildung erwerben und damit zu Führungseliten Zugang gewinnen können. Diesen Zusammenhang unterstreicht er durch eine rhetorische Frage, die gezielt im Konjunktiv irrealis abgefasst ist: „Wäre das konservativ, gar reaktionär?" (Zeile 51f.). Er nimmt damit die vermeintlich politisch fortschrittlichen Kritiker eines Literaturkanons auf's Korn.

C. Schluss

(Grundform I; vgl. Beilagen, 4. Übersicht)

Um seinen Standpunkt zu bekräftigen, sucht Greiner im Grunde schon in der Überschrift die polemische Auseinandersetzung mit seinen Gegnern, die er aber nicht konkret benennt. Dagegen beruft er sich bei der Bekräftigung der eigenen Position zu Beginn und am Schluss seines Argumentationsganges auf Autoritäten wie den Bundespräsidenten.
Für Greiner geht es beim Streit um den Literaturkanon nicht um Spitzfindigkeiten der Kultur- und Bildungspolitik, sondern um die Demokratie schlechthin.

2. Eigene Erörterung

Zur Erinnerung noch einmal die zweite Aufgabenstellung:
Erörtern Sie das Problem der Einführung eines verbindlichen Literaturkanons an Schulen.

■ Stellen Sie Ihren Argumentationsgang in einem Gesamttext dar

Die Argumentationsstruktur haben Sie im dritten Arbeitsschritt bereits festgelegt. Inhaltlich liefert Ihnen die Cluster-Bildung einen Einstieg. Bei der Reihung von These und Gegenthese können Sie natürlich auch gelegentlich mit der Gegenthese beginnen und dann die Eigenthese folgen lassen. Schon in der Antike galt: variatio delectat (Abwechslung gefällt).

A. Einleitung

(Grundform IV; vgl. Beilagen, 4. Übersicht)

Die Frage, was eigentlich Bildung sei, beschäftigt die Öffentlichkeit gerade angesichts der Diskussion um die Auswirkungen der Globalisierung. Inwieweit Literatur zum Bildungskanon gehöre, wird dabei recht unterschiedlich beurteilt. Kann man sich vielleicht noch grundsätzlich über den Wert schöngeistiger Literatur für die geistige Entwicklung eines Menschen einigen, so ist die Frage, welche Literatur man gelesen haben muss, weitaus komplexer. Vor diesem Hintergrund ist auch Ulrich Greiners Beitrag „Der Kanon und die Kanonen" in der ZEIT vom 25. 2. 1999 zu verstehen.

B. Hauptteil

Zunächst muss man sich klar machen, was Schule heute leistet bzw. leisten sollte. Das gegliederte Schulwesen in der Bundesrepublik Deutschland wird zur Zeit heftig kritisiert. Schüler, Eltern, Lehrer und Politiker vertreten dabei aber keinen einheitlichen Standpunkt. Während die einen den Leistungsgedanken wieder stärker berücksichtigt sehen wollen, fürchten die anderen eine Elitebildung und ein Festhalten an überkommenen Strukturen, die für die Bewältigung der Zukunft nicht geeignet sind.
Auch die Lerninhalte geraten zunehmend in die Diskussion. Problematisch erscheint vielen, dass die informationstechnische Grundbildung sehr zu wünschen übrig lässt. Noch längst nicht alle Schulen verfügen über einen Internet-Zugang, die häufig überalterten Lehrerkollegien gehen nicht mehr mit der Zeit und verlieren den Kontakt zu den Jugendlichen immer mehr.
Die Auseinandersetzung um die Zuwanderung von Computerexperten aus Ländern der so genannten Dritten Welt zeigt, dass die Bildungspolitiker offenbar über Jahre und Jahrzehnte hinweg in der Schule falsche Schwerpunkte gesetzt haben.

Vor diesem Hintergrund wirkt die Kontroverse um die Festlegung eines verbindlichen Literaturkanons ziemlich veraltet, da man schon fragen muss, welche Rolle die klassische deutsche Literatur im einundzwanzigsten Jahrhundert noch spielt. Stichworte wie Globalisierung, Vernetzung und Weltkultur zeigen, dass nationale Traditionen – und dazu gehören auch die jeweiligen Literaturen – wohl doch immer mehr in den Hintergrund treten, obwohl die Befürworter eines Literaturkanons genau diese nationalen Traditionen wieder stärken wollen.
Das Leben der heutigen Jugendlichen wird viel stärker von Filmen, Musik und PCs mit all ihren Möglichkeiten bestimmt als von schöngeistiger Literatur. Dem muss die Schule Rechnung tragen, auch wenn selbstverständlich die Literatur zum Bildungsgut gehört.
Wer aber einen verbindlichen Literaturkanon festlegen will, muss sich fragen lassen, ob dies noch aktuell ist, wer hier Richter sein soll und ob dies nicht der Idee von Literatur überhaupt widerspricht. Goethe und Schiller haben ihre Werke ja sicher nicht geschrieben, damit sie als Schulstoff behandelt und abgeprüft werden. Ein verordneter Kanon kann sogar abschrecken. Viele Jugendliche, die in der Schule bestimmte Werke lesen mussten, verbinden Literatur mit Zwang, vielleicht auch Langeweile oder Prüfungsstress. So ist ihnen die Literatur oft für das ganze Leben verleidet.
Entscheidend ist auch die Frage, wer eine solche Liste von Büchern als unbedingt zu behandelnden Schulstoff festlegt. Wer vertritt sie? Wer kontrolliert, dass sie eingehalten wird? Noch immer haben Lehrer die Möglichkeit, die Leseinteressen ihrer Schülerinnen und Schüler stark zu beeinflussen.
Leider spielt die moderne Literatur z. B. im Deutschunterricht noch immer eine untergeordnete Rolle, vielleicht auch deshalb, weil die Lehrpläne viele ältere sog. Klassiker beinhalten, die oft zeitraubend behandelt werden müssen, obwohl sie mit der Lebenswelt von Jugendlichen kaum noch etwas zu tun haben. Zwar kann man hier einwenden, dass man dadurch viel über die Vergangenheit lernt, doch sollte dies doch eher im Geschichts- und nicht im Literaturunterricht geschehen.
Auch Literaturkritiker sind sich nicht einig, wer gegenwärtig als besonders lesenswerter deutscher Autor gilt. Aber soll man so lange mit der Behandlung von Autoren in der Schule warten, bis ihre Werke endlich als kanonisch eingestuft werden?
Schließlich darf man auch nicht übersehen, dass die meisten aktuellen Bestseller auf dem deutschen Buchmarkt schon seit vielen Jahren Übersetzungen sind, man also den Blick über die Sprachgrenzen hinaus wenden muss.
Durchaus bedenkenswert sind die Argumente von Befürwortern eines Kanons wie Ulrich Greiner, die darauf hinweisen, dass es unabhängig von Schule einen Literaturkanon gibt, der über die Elternhäuser vermittelt wird. Kinder aus bildungsferneren Schichten hätten dazu aber keinen Zugang. Hier ist jedoch zu bedenken, dass sich auch in der Generation der Eltern heutiger Schüler vieles gewandelt hat. Auch die heute Vierzigjährigen haben in Schule und Eltern-

haus nicht unbedingt einen verbindlichen Literaturkanon vermittelt bekommen. Gerade in der Zeit nach 1968 war ja die Rolle der so genannten klassischen Literatur sehr umstritten.
Immerhin kann man auch darauf verweisen, dass der früher ja verbindliche Literaturkanon einen Hitler nicht verhindert hat. Man darf die Wertevermittlung über so genannte gute Literatur also nicht überschätzen. Ein Kanon ist immer eine Auswahl, die auch zu politischen oder religiösen Zwecken missbraucht werden kann, was Befürworter eines Kanons oft vergessen. Über viele Jahrhunderte gab es in der katholischen Kirche eine Liste verbotener Bücher und in der DDR waren z. B. viele neue Romane aus Westdeutschland nicht zu kaufen.
Ob es heute wirklich notwendig ist, sich intensiv im Rahmen eines vorgeschriebenen Kanons mit der deutschen Literatur zu beschäftigen, um in die Führungselite aufzusteigen, darf bezweifelt werden. Fremdsprachen- und Computerkenntnisse werden heute auch von Handwerkern erwartet, Akademiker müssen mit Hochschulabsolventen aus Frankreich, England und den Niederlanden um Stellen bei europäischen oder weltweit vertretenen Firmen konkurrieren. Hier ist es vielleicht nützlich, die wichtigsten Werke der Weltliteratur zu kennen, ein nationaler Literaturkanon spielt aber wohl keine entscheidende Rolle.

C. Schluss
(Grundform V; vgl. Beilagen, 4. Übersicht)

Die Einführung eines Literaturkanons an deutschen Schulen ist aus den genannten Gründen meines Erachtens heute nicht mehr sinnvoll, denn zum einen haben sich die Bildungsinhalte angesichts der Globalisierung doch sehr stark verändert und zum anderen sollte doch Literatur auf eigenständiges Interesse ausgerichtet sein, die vielbeschworene Lust am Lesen hervorrufen. In Lehrplänen verordnete Stoffe werden von Schülerinnen und Schülern kaum begeistert angenommen. Die Medienentwicklung wird die Inhalte von Bildung in den nächsten zwanzig oder dreißig Jahren völlig verändern. Welchen Stellenwert die Literatur dann hat, ist heute nicht abzuschätzen. Mit zwanghafter Vermittlung bestimmter Werke wird man aber wohl kaum weiterkommen.

Fünfter Arbeitsschritt: Durchlesen und Korrektur der Arbeit

Lesen Sie Ihre Klausur noch einmal genau durch und korrigieren Sie grammatikalische und orthographische Fehler. Achten Sie bei einem zweiten Lektüredurchgang auf inhaltliche Wiederholungen, unklare Argumentationen oder unlogische Verknüpfungen.

Bei der Abfassung einer Erörterung kann es leicht passieren, dass man adverbiale Verknüpfungen wählt, die inhaltlich nicht haltbar sind. Überprüfen Sie also noch einmal genau, ob Sie mit der Konjunktion „weil“ wirklich eine kausale Beziehung zwischen Haupt- und Nebensatz beschreiben, mit „wenn“ eine tätsächliche Bedingung (Konditionalsatz), mit „so dass“ eine stimmige Folge (Konsekutivsatz), mit „wohingegen“ einen wirklichen Gegensatz (Adversativsatz) usw. Dieser Arbeitsschritt braucht Zeit. Scheuen Sie sich am Schluss nicht vor notwendigen Korrekturen, auch wenn das äußere Erscheinungsbild Ihrer Klausur leidet. Im Zweifel geht Richtigkeit vor Schönheit.

3. Musterklausur Wilhelm von Humboldt, Ueber die Verschiedenheit des menschlichen Sprachbaues (...)

Wilhelm von Humboldt, Ueber die Verschiedenheit des menschlichen Sprachbaues und ihren Einfluss auf die geistige Entwicklung des Menschengeschlechts (1830 – 1835)

Die Sprachen als eine Arbeit des Geistes zu bezeichnen, ist schon darum ein vollkommen richtiger und adäquater Ausdruck, weil sich das Daseyn des Geistes überhaupt nur in Thätigkeit und als solche denken lässt. Die zu ihrem Studium unentbehrliche Zergliederung ihres Baues nöthigt uns sogar sie als ein Verfahren zu betrachten, das durch bestimmte Mittel zu bestimmten Zwecken vorschreitet, und sie insofern wirklich als Bildungen der Nationen anzusehen. (...)

Die Sprache ist das bildende Organ des Gedanken. Die intellectuelle Thätigkeit, durchaus geistig, durchaus innerlich und gewissermassen spurlos vorübergehend, wird durch den Laut in der Rede äusserlich und wahrnehmbar für die Sinne. Sie und die Sprache sind daher Eins und unzertrennlich von einander. Sie ist aber auch in sich an die Nothwendigkeit geknüpft, eine Verbindung mit dem Sprachlaute einzugehen; das Denken kann sonst nicht zur Deutlichkeit gelangen, die Vorstellung nicht zum Begriff werden. Die unzertrennliche Verbindung des Gedanken, der Stimmwerkzeuge und des Gehörs zur Sprache liegt unabänderlich in der ursprünglichen, nicht weiter zu erklärenden Einrichtung der menschlichen Natur.

(...) Alles Sprechen, von dem einfachsten an, ist ein Anknüpfen des einzeln Empfundenen an die gemeinsame Natur der Menschheit.

Mit dem Verstehen verhält es sich nicht anders. Es kann in der Seele nichts, als durch eigne Thätigkeit vorhanden seyn, und Verstehen und Sprechen sind nur verschiedenartige Wirkungen der nemlichen Sprachkraft. Die gemeinsame Rede ist nie mit dem Uebergeben eines Stoffes vergleichbar. In dem Verstehenden, wie im Sprechenden, muss derselbe aus der eignen, innren Kraft entwickelt werden; und was der erstere empfängt, ist nur die harmonisch stimmende Anregung. Es ist daher dem Menschen auch so natürlich, das eben Verstandene gleich wieder auszusprechen. Auf diese Weise liegt die Sprache in jedem Menschen in ihrem ganzen Umfange, was aber nichts Andres bedeutet, als dass jeder ein, durch eine bestimmt modificirte Kraft, anstossend und beschränkend, geregeltes Streben besitzt, die ganze Sprache, wie es äussere oder innere Veranlassung herbeiführt, nach und nach aus sich hervorzubringen und hervorgebracht zu verstehen. (...)

Auch bei der Betrachtung des durch die Sprache Erzeugten wird die Vorstellungsart, als bezeichne sie bloss die schon an sich wahrgenommenen Gegenstände, nicht bestätigt. Man würde vielmehr niemals durch sie den tiefen und vollen Gehalt der Sprache erschöpfen. (...)

Da aller objectiven Wahrnehmung unvermeidlich Subjectivität beigemischt ist, so kann man, schon unabhängig von der Sprache, jede menschliche Individualität als einen eignen Standpunkt der Weltansicht betrachten. Sie wird aber noch viel mehr dazu durch die Sprache, da das Wort sich der Seele gegenüber auch wieder, wie wir weiter unten sehen werden, mit einem Zusatz von Selbstbedeutung zum Object macht und eine neue Eigenthümlichkeit hinzubringt. In dieser, als der eines Sprachlauts, herrscht nothwendig in derselben Sprache eine durchgehende Analogie; und da auch auf die Sprache in derselben Nation eine gleichartige Subjectivität einwirkt, so liegt in jeder Sprache eine eigenthümliche Weltansicht. Wie der einzelne Laut zwischen den Gegenstand und den Menschen, so tritt die ganze Sprache zwischen ihn und die innerlich und äusserlich auf ihn einwirkende Natur. Er umgiebt sich mit einer Welt von Lauten, um die Welt von Gegenständen in sich aufzunehmen und zu bearbeiten. Diese Ausdrücke überschreiten auf keine Weise das Mass der einfachen Wahrheit. Der Mensch lebt mit den Gegenständen hauptsächlich, ja, da Empfinden und Handlen in ihm von seinen Vorstellungen abhängen, sogar ausschliesslich so, wie die Sprache sie ihm zuführt. Durch denselben Act, vermöge dessen er die Sprache aus sich herausspinnt, spinnt er sich in dieselbe ein, und jede zieht um das Volk, welchem sie angehört, einen Kreis, aus dem es nur insofern hinauszugehen möglich ist, als man zugleich in den Kreis einer andren hinübertritt. Die Erlernung einer fremden Sprache sollte daher die Gewinnung eines neuen Standpunkts in der bisherigen Weltansicht seyn und ist es in der That bis auf einen gewissen Grad, da jede Sprache das ganze Gewebe der Begriffe und die Vorstellungsweise eines Theils der Menschheit enthält. Nur weil man in eine fremde Sprache immer, mehr oder weniger, seine eigne Welt-, ja seine eigne Sprachansicht hinüberträgt, so wird dieser Erfolg nicht rein und vollständig empfunden.

(...) Die Sprache ist auch in ihren Anfängen durchaus menschlich und dehnt sich absichtslos auf alle Gegenstände zufälliger sinnlicher Wahrnehmung und innerer Bearbeitung aus. Auch die Sprache der sogenannten Wilden, die doch einem solchen Naturstande näher kommen müssten, zeigen gerade eine überall über das Bedürfniss überschiessende Fülle und Mannigfaltigkeit von Ausdrücken. Die Worte entquillen freiwillig, ohne Noth und Absicht, der Brust, und es mag wohl so in keiner Einöde eine wandernde Horde gegeben haben, die nicht schon ihre Lieder besessen hätte.

Auszug aus: Wilhelm von Humboldt, Ueber die Verschiedenheit des menschlichen Sprachbaues und ihren Einfluss auf die geistige Entwicklung des Menschengeschlechts (1830 – 1835), in: Wilhelm von Humboldt, Werke, Bd. 3, Schriften zur Sprachphilosophie. Hrsg. von Andreas Flitner und Klaus Giel, 8. Aufl. Darmstadt 1996, S. 419 ff.

Aufgaben

1. Erläutern Sie Humboldts Gedankenführung im Hinblick auf den Zusammenhang von Sprache und Denken.
2. Erörtern Sie vor dem Hintergrund der Überlegungen Humboldts das Problem der Festlegung nur einer offiziellen Amtssprache in der Europäischen Union.

Beachten Sie folgende Arbeitsschritte:

Die Arbeitsschritte

Erster Arbeitsschritt: Sichtung der Aufgabenstellung und kursorisches Lesen des Textes

Vergegenwärtigen Sie sich zunächst genau die in den Aufgabenstellungen geforderten Leistungen und lesen Sie den Text kursorisch durch um die Thematik in Grundzügen zu erfassen.

Zweiter Arbeitsschritt: Erschließung des Inhalts, der Form und der Intention des vorgegebenen Textes

Form und Inhalt des Textes, die eine unauflösliche Einheit bilden, müssen in allen relevanten Aspekten dargestellt und analysiert werden. Erst dann kann eine sachgerechte eigene Stellungnahme gelingen, die nicht einfach Bekanntes wiederholt, was sich zumeist in Paraphrasen ausdrückt.

Dritter Arbeitsschritt: Erstellen eines Konzeptes zur Bearbeitung der Aufgaben

Nehmen Sie sich ausreichend Zeit, um ein Gliederungsschema für die Behandlung jeder Aufgabe zu erstellen. Idealerweise legen Sie auch fest, wie lange Sie jeweils eine Aufgabe bearbeiten wollen. Setzen Sie inhaltliche Schwerpunkte im Sinne der Aufgabenstellung.

Vierter Arbeitsschritt: Formulierung einer Analyse der Textvorlage und einer selbstständigen Erörterung

Folgen Sie jeweils der vorher festgelegten Argumentationsstruktur und formulieren Sie möglichst zügig einen zusammenhängenden Text, der im Analyseteil Nacherzählungen vermeidet und bei der eigenen Erörterung Pro- und Contrathesen sachlich gegeneinander stellt und auf ein der Thematik angemessenes Argumentationsschema abhebt. Hüten Sie sich dabei vor Pauschalurteilen.

Fünfter Arbeitsschritt: Durchlesen und Korrektur der Arbeit

Lesen Sie in Ruhe noch einmal Ihren gesamten Text durch und verbessern Sie formale und ggf. auch noch inhaltliche Fehler. Achten Sie vor allem auf die grammatische Richtigkeit und innere Folgerichtigkeit der Satzstrukturen.

Durchführung der Arbeitsschritte

Erster Arbeitsschritt: Sichtung der Aufgabenstellung und kursorisches Lesen des Textes

1. Aufgabenstellung erfassen

- Lesen Sie den Text zügig durch und versuchen Sie in einem ersten Zugriff Sinnabschnitte zu erkennen.

Beim Prüfungstext, einer Abhandlung Wilhelm von Humboldts vom Beginn des 19. Jahrhunderts, fällt die Komplexität der Argumentation schon beim ersten Lesen auf. Die ungewöhnliche Schreibung – eine allgemeinverbindliche Rechtschreibung in unserem Sinn gab es vor knapp 200 Jahren noch nicht – und altertümlich erscheinende Wendungen sollten nicht zu dem Schluss verleiten, das von Humboldt behandelte Problem sei nicht mehr aktuell. Sie müssen die sprachphilosophischen Überlegungen oft nur in eine modernere Terminologie umwandeln, um zu erkennen, dass hier durchaus gegenwartsbezogene Fragestellungen behandelt werden, die auch zur zweiten Aufgabe überleiten.

Beim näheren Hinsehen werden Sie feststellen, dass hier eine ganz bestimmte Textsorte vorliegt. Nichtfiktionale Texte lassen sich inhaltlich und formal in:

a) informierende
b) überzeugende
c) beschreibende
d) instruierende

Textsorten untergliedern. Bei Humboldt geht es um Information und Überzeugung. Der Prüfungstext ist ein Auszug aus einer wissenschaftlichen Monographie Humboldts zum Verhältnis von Sprache und Denken.

- Skizzieren Sie mit eigenen Worten die konkreten Handlungsanweisungen der Aufgabenstellungen.

Die erste Aufgabe erfordert eine Erläuterung, d. h. Sie sollen den Inhalt nicht nur darstellen, sondern mit eigenen Worten einem potentiellen Leser, der zum ersten Mal mit dem Text konfrontiert wird, die Aussagen so aufbereiten, dass er den Gedankengängen des Autors mühelos folgen kann. Es gilt also wiederum, die Thesen von den übrigen inhaltlichen Aspekten zu trennen. Erläutern heißt aber nicht diskutieren oder Stellung nehmen.
Humboldts Gedankenführung ist komplex und nicht sofort nachvollziehbar. Deshalb sollten Sie sich Abschnitt für Abschnitt den Inhalt mit eigenen Formulierungen vergegenwärtigen. Achten Sie besonders auf Schlüsselbegriffe wie Sprache, Denken, Weltsicht oder Nation, die wiederholt gebraucht werden.

2. Themenfeld erkennen und eingrenzen

- Lesen Sie den Text aufmerksam durch und heben Sie die Thesen des Autors durch Ausrufezeichen am Rand hervor. Schwierige Passagen, die nicht sofort zu These, Argument oder Beispiel zuzurechnen sind, markieren Sie mit Fragezeichen.

Aus dem Politikunterricht ist Ihnen sicherlich bekannt, dass es innerhalb der EU keine offizielle Amtssprache gibt. Im Prinzip sind alle Sprachen gleichberechtigt, alle wichtigen Dokumente müssen in alle Sprachen übersetzt werden, im Europaparlament werden die Reden der Abgeordneten jeweils simultan in alle Sprachen der Mitgliedsländer der EU übersetzt. Bei einigen Konferenzen sind allerdings nur Englisch und Französisch und die Sprache des Landes, das die jeweils wechselnde Ratspräsidentschaft innehat, offiziell zugelassene Sprachen. Hierüber kam es 1999 zu Auseinandersetzungen, als sich Finnland weigerte, auch Deutsch als offizielle Sprache bei einer EU-Tagung in Finnland zuzulassen. Deutschland und Österreich weigerten sich daraufhin, an der Konferenz teilzunehmen.
Es gibt also durchaus Streit innerhalb der EU im Hinblick auf die Verwendung einer oder mehrerer Sprachen. Häufig hört man dabei von Politikern, Journalisten und Wirtschaftsvertretern, dass in der EU ein Sprachenwirrwarr herrsche, der die Verständigung erschwere und enorme Kosten verursache. Deshalb sei es effizienter und kostengünstiger nur eine Sprache (wie z. B. bei der NATO) – zumeist wird hier das Englische genannt – als offizielle Amtssprache in der EU zuzulassen.

Sie sollen bei dieser Erörterung aber nicht in erster Linie politisch oder wirtschaftlich, sondern im Sinne der Aufgabenstellung sprachphilosophisch argumentieren, auch wenn sich diese Bereiche nicht immer klar trennen lassen.
Über den Zusammenhang von Sprache und Denken haben Sie im Unterricht sicher gesprochen, Humboldts sprachtheoretische Überlegungen sind Ihnen wahrscheinlich in groben Zügen bekannt. Bei der Abfassung der Erörterung müssen Sie aber immer von einem gedachten „uninformierten Leser" ausgehen, dem zunächst die Probleme erklärt und zentrale Begriffe erläutert werden müssen.

Zweiter Arbeitsschritt: Erschließung des Inhalts, der Form und der Intention des vorgegebenen Textes

1. Vergegenwärtigung des Inhalts

Bei der Ersterfassung des Inhalts eines Textes in Stichworten können Sie entweder dem

- Nominalstil (unvollständige Sätze, kurze Begriffsverknüpfung, z.B. „Sprachgeschichte als Kulturgeschichte") oder dem
- Verbalstil (vollständige Sätze, z.B. „ Die Sprache eines Volkes vermittelt ein bestimmtes Weltbild.") folgen.

Prinzipiell gilt: Je abstrakter der Text, um so „verbaler" müssen die Stichpunkte sein.

Die schon bei der ersten kursorischen Lektüre auffälligen Schlüsselbegriffe, die sich zum Teil ja auch in der Aufgabenformulierung spiegeln, müssen im Sinne Humboldts definiert und in Beziehung gesetzt werden. Im Einzelnen könnte das so aussehen:

Sprache: Arbeit des Geistes
Weltsicht: Auffassung von der Welt im umfassendsten Sinn (Mensch, Natur, Kultur, Religion)
Nation: Gemeinschaft aller, die eine Sprache sprechen

Bei älteren Texten ist immer zu berücksichtigen, dass sich Sprache im Laufe von Jahrhunderten, Jahrzehnten oder auch nur wenigen Jahren ändert. Es kann dabei zu erheblichen Bedeutungsverschiebungen einzelner Worte, bestimmter Ausdrücke oder syntaktischer Einheiten kommen.
Man unterscheidet dabei:

Bedeutungsverengung	„Hochzeit" war früher ein allgemeiner Begriff für „Fest", heute auf Heirat beschränkt
Bedeutungserweiterung	„Kommunikation" früher ein „Verbindungsgraben", heute allgemein „Verständigung"
Bedeutungsverschlechterung Bedeutungsverbesserung	„Weib" war früher bedeutungsgleich mit „Frau", heute abwertend „geil" früher rein sexuell, heute eher „toll/gut"
Homonymie (Bedeutungsvielfalt ohne gemeinsamen Ursprung)	„Tor" – „Tür" und „einfältiger Mensch"

Polysemie (Bedeutungsvielfalt mit gleichem Ursprung)	„Linse" – „Gemüse" und „Glaskörper in der Optik"

2. Textstrukturierung

- Klären Sie zunächst rein kontextuell die zentralen Begriffe in Humboldts Text.

Aus dem Textzusammenhang ergeben sich semantische Eigenheiten, die vom allgemeinen Sprachgebrauch abweichen. Diese sind jeweils genauer zu analysieren.
Gerade bei Humboldt ist es fatal, wenn Sie Begriffe und Wendungen missverstehen. Schlagen Sie deshalb auch häufiger in Lexika nach und achten Sie auf den oben skizzierten Bedeutungswandel. So darf z.B. der von Humboldt gebrauchte Begriff „Wilde" (Zeile 75) nicht pejorativ verstanden werden; er wollte damit – ohne Wertung – die Naturvölker ansprechen.

- Fassen Sie die einzelnen Abschnitte des Textes inhaltlich durch Unterüberschriften zusammen.

Humboldts Text muss inhaltlich genau erschlossen werden. Untersuchen Sie deshalb nicht zu umfangreiche Abschnitte, da der Autor sehr konzentriert argumentiert und oft in einem Absatz mehrere Gedanken verarbeitet. Dieser Arbeitsschritt dient der Vergegenwärtigung des Inhalts. Nicht alles, was Sie hier unterstreichen und anmerken, muss später in Ihren Ausführungen erwähnt werden, manches lässt sich zusammenfassen, anderes erweist sich als Wiederholung.

Ihr bearbeiteter Text dürfte etwa mit dem 4. Analysemodell (siehe Beilagen) übereinstimmen.

- Suchen Sie Leitgedanken, die Sie z.T. auch erst einmal zitieren können, beschränken Sie sich zunächst auf Definitionen.

Definitionen:

Zeile 1: Sprache ist „Arbeit des Geistes".

Zeile 7: Sprachen sind „Bildungen der Nationen".

Zeile 15ff.: Sprache konstituiert die „unzertrennliche Verbindung des Gedankens, der Stimmwerkzeuge und des Gehörs".

Zeile 25ff.: Sprache liegt in „ihrem ganzen Umfange" in jedem Menschen, er will sie verstehen und hervorbringen.

Zeile 36ff.: Sprache bezeichnet „nicht bloss die an sich schon wahrgenommenen Gegenstände".

Zeile 42f.: Jede „menschliche Individualität" markiert einen eigenen Standpunkt der Weltansicht.

Zeile 57ff.: „Der Mensch lebt mit den Gegenständen hauptsächlich, ja, da Empfinden und Handlen in ihm von seinen Vorstellungen abhängen, sogar ausschliesslich so, wie die Sprache sie ihm zuführt".

Zeile 64ff.: „Die Erlernung einer fremden Sprache sollte daher die Gewinnung eines neuen Standpunkts in der bisherigen Weltansicht seyn".

Zeile 72ff.: Die Sprache ist „durchaus menschlich und dehnt sich absichtslos auf alle Gegenstände zufälliger sinnlicher Wahrnehmung und innerer Bearbeitung aus".

Dritter Arbeitsschritt: Erstellen eines Konzeptes zur Bearbeitung der Aufgaben

1. Gliederung

Die Erläuterung einer so komplexen Abhandlung wie Humboldts Schrift „Ueber die Verschiedenheit des menschlichen Sprachbaues" kann kaum in Stichworten oder Kurzthesen erfolgen. Bei der Aufgliederung in A. Einleitung (Nennung von Autor, Titel, Textart, Quelle und Problemstellung), B. Hauptteil (Definition und Erläuterung der Zentralbegriffe) und C. Schluss (Zusammenfassung, Ausblick) wird der Hauptteil sehr umfangreich sein, so dass sich u. U. eine weitere Untergliederung des Abschnittes B anbietet.

z. B. B 1 Definition und Erläuterung zum Themenkomplex „Sprache"
B 2 Definition und Erläuterung zum Themenkomplex „Denken"
B 3 (Vergleich der beiden Unterabschnitte) Verknüpfung der Ergebnisse

Diese Aufteilung sollte gleichsam das innere Gerüst Ihrer Darstellung sein, Ihnen sozusagen als Gedächtnisstütze präsent sein, nicht jedoch wörtlich in Ihrer Arbeit auftauchen.

Auch die eigene Erörterung muss eine klare Gliederung in Einleitung, Hauptteil und Schluss erkennen lassen. Bei der Gestaltung der einzelnen Abschnitte können Sie auf bestimmte Grundformen zurückgreifen, die jeweils der spezifischen Thematik anzupassen sind.

A. Einleitung

Folgende Grundformen der Einleitung lassen sich unterscheiden:

I. **Rückgriff auf eine allgemeine übergeordnete Problemstellung**
Beispiel: Die Entwicklung von Sprache und Denken ist eine Kernfrage der Evolution, weil sich der Mensch damit endgültig vom Tier gelöst hat.

II. **Begriffsdefinition**
Beispiel: Sprache wird von Humboldt als Arbeit des Geistes verstanden.

III. **Einordnung des Themas in einen historischen Kontext**
Beispiel: Schon in der Antike beschäftigten sich Philosophen mit der Frage nach Ursprung und Funktion von Sprache.

IV. **Aktuelle Bezüge**
Beispiel: Sprechende Computer gehören zu unserem Alltag, wirklich denken können diese aber noch nicht.

V. **Rückgriff auf persönliche Erfahrungen**
Beispiel: Bei einem Auslandsaufenthalt in England habe ich bemerkt, dass eine Verständigung in einer Fremdsprache, z. B. bei der Diskussion über religiöse Fragen, mehr als schwierig ist.

B. Hauptteil

Die Erörterung des Problems der Einführung nur einer Amtssprache in der EU muss eine Vielzahl von Meinungen berücksichtigen und löst erfahrungsgemäß heftige, auch emotionale Reaktionen aus, was bereits verdeutlicht, dass Humboldts Ansatz, in Sprache etwas Unverwechselbares, ein den Menschen tief berührendes Phänomen zu sehen, sofort überzeugt.
Um die gegensätzlichen Positionen besonders deutlich herauszustellen, wählt man für die Erörterung das sog. Dialogmodell, bei dem zunächst These und Gegenthese unvermittelt nebeneinander gestellt und erst dann argumentativ begründet und mit Beispielen veranschaulicht werden. Wählen Sie für These und Gegenthese jeweils einen eigenen Absatz und lassen Sie die konträren Standpunkte dann sozusagen ins Gespräch kommen.

Schema des Dialogmodells

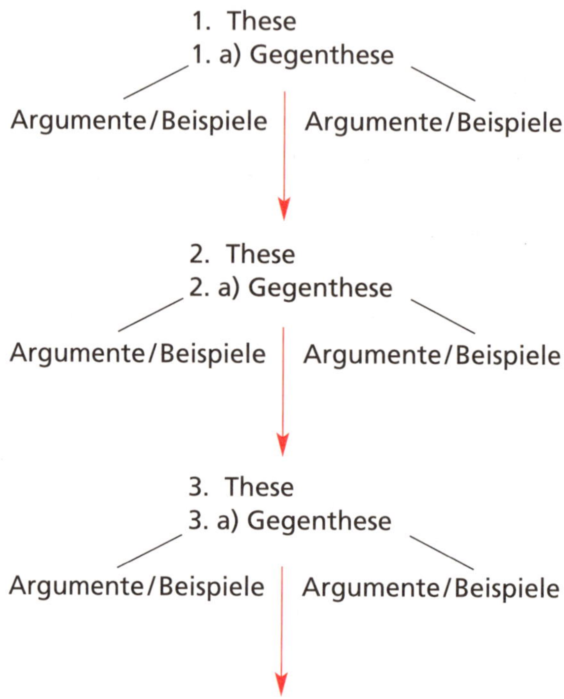

C. Schluss

Sowohl inhaltliche Darstellungen als auch textanalytische Aufgaben sowie Stellungnahmen müssen einen deutlich vom Hauptteil abzugrenzenden Schlussteil aufweisen.

Folgende Grundformen des Schlussteiles lassen sich unterscheiden:

I. Rückbezug zur Einleitung
Beispiel: Hätte ich vor meinem Auslandsaufenthalt in England Humboldts Ansichten gekannt, wären mir einige Verständigungsprobleme klarer geworden.

II. Handlungsaufforderung / Anregung
Beispiel: Schon in den Grundschulen der EU-Länder sollte mit dem Fremdsprachenunterricht begonnen werden.

III. Ausweitung der Fragestellung
Beispiel: Nicht nur Sprache und Weltansicht auch unterschiedliche Religionen und ethnische Herkunft trennen heute noch die Völker Europas.

IV. Persönliche Bewertung
Beispiel: Ich selbst bin zweisprachig aufgewachsen und frage mich, welche Weltansicht bei mir überwiegt.

V. Ausblick auf die Zukunft
Beispiel: Möglicherweise setzt sich in fünfzig oder hundert Jahren das Englische/Amerikanische in der westlichen Welt so weit durch, dass die anderen Nationalsprachen auf den Status von Dialekten herabsinken.

2. Stoffsammlung

- Notieren Sie in zwei Spalten alle Argumente, die Sie für bzw. gegen die Einführung einer einzigen Amtssprache in der EU aufführen könnten.

Es ist sinnvoll, das Thema zunächst ganz allgemein zu behandeln, ohne sofort auf die sprachphilosophischen Aspekte zu achten.

Ihre Stichwortliste könnte so aussehen:

Für die Einführung	Gegen die Einführung
– bessere Mobilität	– Auflösung der Muttersprachen – Verständigungsprobleme – sozial ungerecht – Benachteiligung der Mehrheit
– Stärkung der Zusammengehörigkeit	– Verständigung der Generationen?
– Vereinfachung der Kommunikation – Kostenersparnis – Ausräumung von Übersetzungsfehlern – Internationalisierung der Ausbildung – keine Benachteiligung kleinerer Sprachen	– politisch kaum durchsetzbar – Benachteiligung vieler Nationen – Verarmung der Sprach-(Kultur)vielfalt – Verlust eigener Weltansichten – Traditionsabbruch

3. Sprache

Die Auseinandersetzung mit einem sprachtheoretischen Thema macht in besonderer Weise Vorüberlegungen zur sprachlichen Gestaltung nötig. Vor allem müssen hierbei die Unterschiede zwischen Schriftsprache (bei Sachtexten) und mündlichem Ausdruck beachtet werden:

Schriftsprache	Mündlicher Ausdruck
innere Logik mit Überleitungen	sprunghafter Themenwechsel
Erläuterungen	Appell
vollständige Sätze	oft unvollständige Sätze
Fremdwortgebrauch/Fachwortschatz	umgangssprachliche Umschreibungen
Hypotaxe	Parataxe
Vermeidung von Füllwörtern	gehäufte Verwendung von Füllwörtern
Vermeidung emotionaler Ausdrücke	emotionaler Stil (z. T. unterstützt durch Körpersprache)
Hochsprache	dialektale Wendungen

Betrachten Sie diese Unterschiede als grobe Orientierung, nicht als sakrosankte Gesetze. Selbstverständlich kann in einem Sachtext auch eine Parataxe auftauchen und im mündlichen Ausdruck auf einen Fachwortschatz zurückgegriffen werden. Bemerkenswert bleibt aber der gehäufte Gebrauch von typisch mündlichen Ausdrucksformen in Texten, die den Leser direkt und emotional ansprechen wollen (z. B. auch in Werbeanzeigen).

Vierter Arbeitsschritt: Formulieren einer Analyse des Textes und Abfassung einer selbstständigen Erörterung

1. Aufgabe

Zur Erinnerung noch einmal die Aufgabenstellung:

Aufgabe 1: Erläutern Sie Humboldts Gedankenführung im Hinblick auf den Zusammenhang von Sprache und Denken.

- Fassen Sie die Einzelergebnisse der Textanalyse zu einem Gesamttext zusammen.

Die inhaltliche Wiedergabe des Humboldt-Textes ist komplex. Orientieren Sie sich an den Stichpunkten des zweiten und dritten Arbeitsschrittes und vermeiden Sie Paraphrasen. Auch wenn es gelegentlich schwer fällt, sollten Sie jeweils eigene Worte finden, wobei Sie allerdings zentrale Begrifflichkeiten wie „Weltansicht" oder „Selbstdeutung" nicht umschreiben müssen. Andere Zitate wesentlicher Formulierungen können ebenfalls – sparsam verwendet und an Ihre Syntax angepasst – aufgegriffen werden.

Ihre Ausarbeitung könnte folgendermaßen ausfallen:

A. Einleitung
(Grundform I; vgl. oben, S. 61 oder Beilagen, 4. Übersicht)

Die ausgeformte Sprache ist ein ganz wesentliches menschliches Merkmal, das den Menschen vom Tier abgrenzt. Mit der Ausbildung der Sprache vollzieht die Menschheit einen tiefgreifenden Entwicklungssprung. Erst danach ist der Mensch in der Lage, so etwas wie Moral oder Religion zu entwickeln, das eigene Leben zu gestalten und gedanklich überhaupt erst als solches zu erfassen.

B. Hauptteil

Für Humboldt ist Sprache untrennbar mit dem Denken verknüpft. Dabei geht er in seiner Zentralthese davon aus, dass ohne Sprache nicht gedacht werden könne. Zunächst definiert er Sprache als „Arbeit des Geistes" (Zeile 1) und sieht sie als Tätigkeit, die über bestimmte Verfahren jeweils einen Zweck erreiche.
In einer weiteren These legt er dar, dass Sprachen Bildungen der Nationen seien und dass das Denken nur über die Sprache, die wiederum mit dem Laut eine Einheit bilde, „zur Deutlichkeit" (Zeile 14) gelange.
Wenn Sprachen aber für Humboldt „Bildungen der Nationen" (Zeile 7) sind, dann ist für ihn „Nation" in ihrem Wesen nur mit Sprache verbunden und nicht mit Herkunft, Geschichte oder Politik.
Da die Sprache „das bildende Organ des Gedanken(s)" (Zeile 8) sei, könne der Gedanke nur durch sie entstehen. Durch die Laute, die Stimmwerkzeuge und das Gehör werde der rein innerliche Denkprozess erst „wahrnehmbar für die Sinne" (Zeile 11). Diese Einheit liege in der nicht näher zu erklärenden Natur des Menschen.
Im Folgenden erläutert Humboldt, wie eng Sprechen und Verstehen verbunden sind und dass dies dem Einzelnen wie der Menschheit im Ganzen gemein sei. Sprachkraft als Anregung zum Verstehen mache erst die Verständigung unter den Menschen möglich.
Da die Sprache ein Akt der Wahrnehmung sei und jedes Individuum eine eigene, subjektive Wahrnehmung habe, so liege der Sprache eines einzelnen Men-

schen eine ganz individuelle Weltansicht zugrunde. Diese Kernthese Humboldts wird weiter aufgefächert, indem davon gesprochen wird, dass eine Sprechergemeinschaft, die sich in einer Sprache verständigt, also eine Nation, mittels der gemeinsamen Sprache zwangsläufig über eine besondere Weltansicht verfüge, die sich von den Weltansichten anderer Nationen und deren Sprachen wesentlich unterscheide.
Jeder Mensch verfüge von Natur aus über die Fähigkeit zu sprechen und Sprache zu verstehen. Dabei sei allerdings nicht davon auszugehen, dass das von der Sprache Hervorgebrachte „bloss die an sich schon wahrgenommenen Gegenstände" (Zeile 37f.) bezeichne. Vielmehr erschaffe die Sprache erst eine bestimmte Wirklichkeit bei Sprechern und Hörern.
Im Übrigen gelte es zu bedenken, dass jede Wahrnehmung der Wirklichkeit subjektiv, also ganz auf das Individuum bezogen sei. So bilde sich in der Sprache jedes einzelnen Menschen auch ein eigener „Standpunkt der Weltansicht" (Zeile 43f.) ab.
Individuen verbinden sich zu Nationen und folglich präge jede Sprache eine „eigenthümliche Weltansicht" (Zeile 51).
Dies hat weitreichende Konsequenzen, denn zur Weltansicht gehört, wie das Wort schon sagt, die Betrachtung der Welt im umfassendsten Sinn. Sie schließt philosophische und religiöse Anschauungen ein. Sprachnation ist also keine sozusagen technische, sondern eine im tieferen Sinn des Begriffs weltanschauliche Kategorie.
In gewisser Weise überschreitet man durch die Verwendung einer anderen Sprache die Grenze zu einer anderen Welt, denn der Mensch lebe nach Humboldt „mit den Gegenständen" (Zeile 57) und den Vorstellungen nur so, „wie die Sprache sie ihm zuführt." (Zeile 59)
Mit dem Erlernen einer Fremdsprache müsse man in eine andere Vorstellung der „Dinge" eindringen. Ziel ist dabei „die Gewinnung eines neuen Standpunkts in der bisherigen Weltansicht." (Zeile 64f.)
Da man jedoch immer die eigene Weltansicht in die neu zu erlernende Sprache „hinübertrage" (Zeile 70), gelinge das Eindringen in eine neue Wirklichkeit nie so vollkommen, wie jedem Individuum das die Muttersprache vermittele. Man könne also nach Humboldts Deutung eine Fremdsprache aufgrund der in ihr angelegten subjektiven Weltansicht nie vollständig erfassen.
Am Schluss seiner Ausführungen betont der Autor, dass es keine „besseren" oder „schlechteren" Sprachen gäbe, wie es auch keine Qualitätsunterschiede in der Weltansicht gäbe. So sehen die Naturvölker – Humboldt spricht im Sprachgebrauch seiner Zeit von „Wilden" (Zeile 75) – die Welt anders als wir. Ihre Sprache sei voll ausgebildet und zeige eine „Fülle und Mannigfaltigkeit von Ausdrücken." (Zeile 77) Das Erlernen der Sprache der Naturvölker mache uns mit einer ganz anderen Auffassung von Welt und Leben vertraut, die wir aber wohl immer nur in Teilen erfassen können.

Im Übrigen sei Sprache Ausdruck des Menschseins – und eben auch der menschlichen Kultur – schlechthin, denn es habe wohl nie eine Gruppe Menschen gegeben, „die nicht schon ihre Lieder besessen hätte." (Zeile 80)

C. Schluss
(Grundform I; vgl. oben, S. 62f. oder Beilagen, 4. Übersicht)

Wilhelm von Humboldt vermittelt insgesamt einen neuen Einblick in den Zusammenhang von Sprache und Denken, indem er immer wieder darauf verweist, dass Sprache nicht einfach als austauschbares Verständigungsmittel verstanden werden darf, sondern selbst Ausgangspunkt und Gegenstand wichtiger philosophischer Betrachtungen ist.

2. Aufgabe

Sie lautete:
Erörtern Sie vor dem Hintergrund der Überlegungen Humboldts das Problem der Festlegung nur einer offiziellen Amtssprache in der Europäischen Union.

Folgen Sie streng dem Schema aus dem dritten Arbeitsschritt und suchen Sie passende Überleitungen bzw. Gegenüberstellungen zu den Einzelaspekten. Geeignete Verbindungswörter sind dabei: Zwar … aber, einerseits … andererseits, daraus folgt, wohingegen, es ergibt sich, demgegenüber, während, in Anbetracht dieser Argumente ist zu folgern …, dem ist entgegenzuhalten …, im Umkehrschluss gilt, vice versa … usw.

A. Einleitung
(Grundform IV; vgl. oben, S. 61 oder Beilagen, 4. Übersicht)

Zwar macht die Entwicklung von Sprachcomputern rasante Fortschritte, doch zeigen sich hier auch offenbar die Grenzen dieses Mediums. Selbst bei einfachen Texten versagen z. B. Übersetzungscomputer oft kläglich. Bei komplexeren Zusammenhängen ergeben sich hier nicht selten kuriose oder ganz absurde Lösungen. Sprache ist offenbar ein so vielschichtiges Gebilde und so sehr mit menschlichem Denken verbunden, dass die Software-Entwicklung auf diesem Gebiet wenigstens noch zur Zeit, vielleicht aber auch überhaupt, versagt bzw. versagen muss.

B. Hauptteil

Den Thesen von der Vereinfachung und Verbesserung der politischen Verständigung innerhalb der EU durch die Verwendung nur einer Sprache ist entgegenzuhalten, dass diese nur Gültigkeit haben, wenn alle über die gleiche aktive und passive Kompetenz in dieser Sprache verfügen.

Das Einschalten eines Heeres von Übersetzern zur Diskussion über die Vereinheitlichung von Gebrauchsanweisungen erscheint in der Tat absurd, aber wenn man daran denkt, dass Schulabschlüsse wie z. B. das Abitur in der EU vereinheitlicht werden sollen, dann kommt es hier sicher auf Details und Nuancen an. Hierüber in einer Fremdsprache zu diskutieren, fällt selbst geübten Sprechern schwer.
Die Übersetzung von Schriftstücken und Parlamentsdebatten in alle Sprachen der EU ist ein kostspieliges Unterfangen, aber angesichts des viele Milliarden umfassenden Etats der EU fallen diese Kosten kaum ins Gewicht, zumal Missverständnisse durch nicht richtig verstandene Texte in einzelnen Ländern weit höhere Kosten verursachen würden.
Demokratie und internationale Verständigung haben ihren Preis. Abgeordnete, Minister und Gerichte kosten Geld, das der Steuerzahler aufbringen muss. Wähler, die einen Abgeordneten nach Brüssel schicken, können schließlich verlangen, dass er ihre Interessen wirksam vertritt. Die Nähe zu den Wählern, Einsatzbereitschaft, Durchsetzungsvermögen und die persönliche Integrität eines Abgeordneten sind im Zweifel wichtiger als seine Sprachkompetenz.
Auch jeder Bürger der EU sollte offiziell gültige Gesetzestexte, die sein Leben z. T. tiefgreifend verändern, in seiner angestammten Sprache lesen können.
Ein Politiker, der nur seine Muttersprache spricht, muss auf EU-Ebene am Bau Europas mitarbeiten können. Deshalb sollte man ihm Übersetzer – durchaus auch hochbezahlte und besonders qualifizierte – zur Verfügung stellen, denn die Politik dient dem Allgemeinwohl.

Von den Befürwortern einer Einheitssprache wird gern darauf hingewiesen, dass Übersetzungsfehler die Kommunikation behindern. Die Abhängigkeit von Übersetzern sei auch deshalb problematisch, weil man nie genau wisse, ob der Übersetzer wirklich genau übersetzt oder doch einiges weglässt – vor allem beim Simultandolmetschen – oder verändert, hinzufügt usw.
Doch ist im Zweifel eine professionelle Übersetzung, die freilich bei wichtigen Texten auch kontrolliert werden sollte, besser als die Kommunikation in einer Sprache, die nur ein Gesprächspartner perfekt beherrscht.
Bei politischen Konferenzen sieht man häufig Übersetzer, die in abgeschlossenen Kabinen das jeweils Gesagte in eine andere Sprache übertragen. Die Politiker verfolgen diese Übersetzung durch einen „Knopf im Ohr“ und können erst mit einiger Verzögerung auf ihre Gesprächspartner reagieren, was z. B. beim Erzählen eines Witzes oft zu unfreiwilliger Komik führt. Dies spricht sicher dafür, sich eine gewisse Kompetenz in anderen Sprachen zu verschaffen, um einem Alltagsgespräch folgen zu können.
Es ist aber doch bezeichnend, wenn bei wichtigen politischen Fragen von den Delegationen der verschiedenen Länder jeweils eigene Übersetzer mitgebracht werden. Offenbar ist dies nicht nur eine Frage des Vertrauens. Man

fühlt sich sicherer, wenn der Übersetzer ein Muttersprachler ist. Mit ihm kann man diffizile Fragestellungen offenbar besser klären als mit einem Sprecher, der die eigene Sprache nur als Fremdsprache erlernt hat. Deshalb übersetzen in der EU in aller Regel auch Deutsche für Deutsche, Franzosen für Franzosen usw.

An dieser Praxis zeigt sich, dass Humboldts Ansichten über die grundsätzliche Verschiedenheit der Sprachnationen Auswirkungen bis in die Gegenwart haben. Und hier liegen meines Erachtens die entscheidenden Probleme bei der Einführung einer Einheitssprache. So ist ja auch die Ausbildung einer Kunstsprache wie des Esperanto weitgehend gescheitert.

Der Idee einer einheitlichen Amtssprache in der EU liegt die Vorstellung von der prinzipiellen Austauschbarkeit von Sprachen zugrunde. Schließt man sich aber den sprachphilosophischen Vorstellungen Wilhelm v. Humboldts über den unauflöslichen Zusammenhang von Sprache und Denken an, so bildet jede einzelne Sprache eine eigene, prinzipiell unübersetzbare Weltansicht ab. Nach Humboldt begegneten sich in der EU nicht nur einfach Sprachen, sondern in den verschiedenen Nationen ganz unterschiedliche Auffassungen von Welt überhaupt.
Wenn ich etwas in einer Fremdsprache ausdrücken oder verstehen will, gehe ich sozusagen automatisch davon aus, dass ich in eine anders geartete Vorstellungswelt eintrete. Beherrsche ich die Fremdsprache nicht, so möchte ich mich doch zuerst dem muttersprachlichen Übersetzer anvertrauen, weil er meine Weltansicht teilt. Ohnehin ist die Kommunikation in der Muttersprache, die mich ja auch mit vorangegangenen Generationen verbindet, unersetzlich.
Häufig wird von Kritikern der derzeitigen Sprachpraxis in den Institutionen der EU immer wieder behauptet, dass Europa nur über eine gemeinsame Sprache wirklich zusammenwachsen könne. Dem ist entgegenzuhalten, dass das Zusammengehörigkeitsgefühl im Europa der EU, die ja in den nächsten Jahren und Jahrzehnten noch wachsen soll, doch wohl eher leiden würde, wenn zumal kleinere Länder davon ausgehen müssten, dass sie von Brüssel nicht nur wirtschaftlich und politisch, sondern auch sprachlich fremdbestimmt werden. Die Gleichrangigkeit aller Länder der EU ist aber unverzichtbare Grundvoraussetzung der europäischen Einigung.
Wird beispielweise Englisch die alleinige Amtssprache der EU, wären auch die Mehrheitsverhältnisse übergangen worden, denn die meisten Europäer haben eine andere Muttersprache. Will man die Mobilität in Europa stärken, gilt es doch zuallererst viele bürokratische Hindernisse, etwa die gegenseitige Anerkennung von Schulzeugnissen, auszuräumen.

C. Schluss
(Grundform III; vgl. oben, S. 62f. oder Beilagen, 4. Übersicht)

Die Einführung nur einer Amtssprache in der Europäischen Union würde viele Nationen benachteiligen. Sie wäre auch sozial ungerecht, denn nicht jeder kann sich über gute Schulen die perfekte Kenntnis einer Zweitsprache aneignen. Unsere Kultur würde verarmen, schließlich bestünde die Gefahr, dass z. B. das Englische/Amerikanische eine Weltansicht vermittelt, die viele europäischen Nationen aufgrund ihrer Geschichte und gesellschaftlichen wie religiösen Traditionen nicht teilen. Die europäischen Nationen verlören ihre Eigenheiten und würden über die Sprache amerikanisiert. Vielen bliebe diese Kultur fremd, ein Wiedererstarken des Nationalismus könnte die Folge sein.

Fünfter Arbeitsschritt: Durchlesen und Korrektur der Arbeit

Im Zusammenhang der Textwiedergabe kommt es vor allem bei wissenschaftlichen Abhandlungen darauf an, dass Sie klar formulieren, Gedankengänge Dritter im Konjunktiv der indirekten Rede wiedergeben und den Argumentationszusammenhang nicht durch zu weitgehende Kürzungen oder Verallgemeinerungen entstellen. Zitate müssen exakt dem Original entsprechen, was bei Humboldts ungewöhnlicher Graphie am Schluss noch einmal überprüft werden muss, bevor Sie ihren Gesamttext auf Orthographie, Interpunktion und Grammatik durchsehen.
Achten Sie besonders auf die unterschiedlichen Aussageweisen des Konjunktivs im Deutschen. Der Konjunktiv I bezeichnet die Möglichkeit eines Geschehens (Konjunktiv potentialis), der Konjunktiv II in aller Regel die Unmöglichkeit eines Geschehens (Konjunktiv irrealis).

4. Musterklausur Sandra Kegel, Zettelwirtschaft

Zettelwirtschaft

Wenn Peter Brook einst vom Theater als einem „leeren Raum“ gesprochen hat, so würde er dies heute wohl zurücknehmen, registrierte er, wie sehr man ihn doch missverstehen kann. Man stelle sich vor: ein Theater ohne Publikum, in dem keine strenge Billeteuse den Eingang bewacht und kein Intendant die Premiere mit angehaltenem Atem im Schnürboden verbringt. Ein Theater, das seine Rechnung ohne das Publikum macht, ist kein Theater, und trotzdem wird ein solches gerade errichtet. Zwar nicht aus Stein und Marmor und auch nicht mit dem Geld einer kunstsinnigen Kommune, dafür aber in digitaler Qualität, finanziert mit Rundfunkgebühren. Der Wunsch ist der Vater des Gedankens, und da traf es sich, auf der Berliner Funkausstellung den Vater des „Theaterkanals“, den scheidenden 3sat-Chef Walter Konrad, zu fragen, was es mit dem ambitionierten ZDF-Unternehmen auf sich habe. Während sich auf der Terrasse gerade die Stars einer neuen Fernsehreihe den Fotografen stellten, beschrieb Konrad seine Vision für den „Theaterkanal“, der Ende des Jahres ins digitale Netz gespeist wird: Ihm schwebt eine Art „elektronischer Theaterzettel“ vor, mit einem „Programm aus den interessantesten Produktionen, dazu Dokumentationen und Porträts“. Mit dem Deutschen Bühnenverein habe er schon verhandelt. Welche Rolle den Theatern zugedacht ist, bleibt dennoch unklar, denn der neue Sender soll vor allem Archivmaterial aus dem Theaterfundus des ZDF versenden. „Jederzeitige Verfügbarkeit“ nennt Konrad das Prinzip der ständigen Wiederholung. Wenn aber die Kultursender Arte und 3sat mit allen möglichen Kunstgriffen bereits um ihr Spartenpublikum buhlen, warum macht sich das ZDF mit noch einem Kulturkanal selbst Konkurrenz? Immerhin kostet das Musenhaus, das, da digital übertragen, für kaum jemanden zu erreichen ist, jährlich etwa dreizehn Millionen Mark. Des Rätsels Lösung wird hinter den Kulissen verraten. Das ZDF will schlicht einen weiteren Platz bei der Vergabe der digitalen Kanäle ergattern. Wen kümmert es da, dass die Publikumsränge leer beiben?

S. K.

Frankfurter Allgemeine Zeitung 30. 8. 1999.

Aufgaben

1. Suchen Sie im Text Thesen und Argumente und beschreiben Sie Art und Methode der vorliegenden Argumentation.
2. Formulieren Sie einen alternativen Zeitungskommentar, in dem Sie das Problem der Etablierung eines so genannten „Theaterkanals“ im TV unter Einbezug moderner Theaterkonzeptionen erörtern.

Halten Sie sich an die Abfolge der folgenden Arbeitsschritte:

Die Arbeitsschritte

Erster Arbeitsschritt: Sichtung der Aufgabenstellung und kursorisches Lesen des Kommentars

Versuchen Sie die Arbeitsaufträge in konkrete Handlungsanweisungen zu übertragen und verschaffen Sie sich einen ersten Überblick über Inhalt und Tendenz des Prüfungstextes.

Zweiter Arbeitsschritt: Erschließung des Inhalts, der Form und der Intention der Textvorlage

Inhalt, Form und Aussage des Textes bilden eine Einheit. Die „Zerlegung" des Zeitungskommentars in diese Aspekte dient nur der besseren Durchdringung des Textes. In Ihrer schriftliche Analyse sowie in der eigenen Erörterung müssen diese Teilaspekte unbedingt wieder zusammengefasst werden.

Dritter Arbeitsschritt: Erstellen eines Konzeptes zur Bearbeitung der Aufgaben

Eine genaue Planung der einzelnen Arbeitsschritte – unter Berücksichtigung eines groben zeitlichen Rahmens – ist unabdingbar und sollte auf jeden Fall kurz in Stichworten festgehalten werden. Dies gilt sowohl für das inhaltlich gefüllte Gliederungsschema als auch für die Argumentationsabfolge.

Vierter Arbeitsschritt: Formulierung einer Analyse der Textvorlage und einer selbstständigen Erörterung

Dieser Arbeitsschritt ist immer Schwerpunkt der Aufgabenbearbeitung. Aus den Einzelergebnissen muss ein in sich kohärenter (sachlogisch zusammenhängender) Text entstehen. Beiden Aufgabenteilen ist eine formale Struktur zugrunde zu legen, wobei der Eigenkommentar einem speziellen Erörterungsschema folgen muss.

Fünfter Arbeitsschritt: Durchlesen und Korrektur der Arbeit

Überprüfen Sie noch einmal Rechtschreibung, Wortwahl und grammatikalische Stimmigkeit der eigenen Argumentation. Achten Sie darauf, dass Sie alle in Stichworten gesammelten wichtigen Ideen auch wirklich im Text verarbeitet haben.

Durchführung der Arbeitsschritte

Erster Arbeitsschritt: Sichtung der Aufgabenstellung und kursorisches Lesen des Textes

1. Ersteindruck des Kommentars festhalten

- Lesen sie den Text zügig durch, legen Sie ihn dann zur Seite. Versuchen Sie, spontan Stichworte über das Gelesene zu notieren, sowohl inhaltlich referierend als auch wertend.

Der Ersteindruck bei der Lektüre eines unbekannten Textes ist oft nicht inhaltlicher, sondern eher gefühlsmäßiger Art: Man mag einen Text oder mag ihn nicht, man ist vielleicht sogar verärgert, erstaunt, gelangweilt, verwirrt usw. Lassen Sie diese Gefühle ruhig zu und notieren Sie sie. Die eigene Stellungnahme kann durchaus emotional gefärbt sein, darf aber nicht pauschale Werturteile oder unsachliche Anwürfe enthalten. Bei allen Gefühlen, die ein Text auslöst, muss man sich fragen: Wodurch werden diese Gefühle hervorgerufen? Will der Autor beim Leser diesen Eindruck vermitteln? Wie wird die Lesehaltung gesteuert? Wer ist wohl der gedachte Adressat?

Die Autorin des vorliegenden Kommentars hat eine ausgeprägte und zugespitzte Meinung, die sie in den Vordergrund ihrer Argumentation rückt. Die gegebenen Informationen sind dagegen hier durchaus zweitrangig. Die erwähnten Personen – viele werden ihnen unbekannt sein – sind nur Stichwortgeber für eigene Überlegungen. Sie sollten sich durch unbekannte Namen und Titel nicht verunsichern lassen, sie spielen für die Textintention keine wesentliche Rolle.
Der Text ist nicht in Absätze unterteilt, ein Hinweis darauf, dass hier nur ein Thema bzw. eine Meinung abgehandelt wird.

Die „Frankfurter Allgemeine Zeitung" gilt als eine der führenden Tageszeitungen Deutschlands, der man im Allgemeinen eine eher konservative Grundhaltung nachsagt. Bei Kommentaren – die Initialen S.K. verweisen auf einen ständigen Mitarbeiter bzw. eine ständige Mitarbeiterin der Zeitung – zu kulturpolitischen Fragestellungen wirkt sich dies allerdings weniger aus. Speziell im Blick auf die Medienpolitik gibt es heute kaum noch klare Unterschiede zwischen „Konservativen" und „Progressiven".

- Unterstreichen Sie alle als Thesen klar erkennbaren Formulierungen. Achten Sie vor allem auf kurze Aussagesätze und rhetorische Fragen.

Nehmen Sie für Ihre Textbearbeitung das 5. Analysemodell (siehe Beilagen) als Beispiel.

Thesen:

Zeile 6f.: „Ein Theater, das seine Rechnung ohne das Publikum macht, ist kein Theater (...)".
Zeile 20f.: „Welche Rolle den Theatern zugedacht ist, bleibt dennoch unklar (...)."
Zeile 24ff.: „Wenn aber die Kultursender (...) um ihr Spartenpublikum buhlen (...)".
Zeile 30f.: „Das ZDF will schlicht einen weiteren Platz bei der Vergabe der digitalen Kanäle ergattern."

Für Kommentare ist es nicht untypisch, dass Thesen wie in Zeile 24ff. in Bedingungssätzen enthalten sind; die Behauptung „versteckt" sich gewissermaßen im Nebensatz. Die Bedingung enthält eine Prämisse, die als Tatsachenfeststellung formuliert wird, im Grunde aber unbewiesen bleibt. Im vorliegenden Beispiel lautet die These in einem einfachen Aussagesatz:

„Kulturkanäle konkurrieren um dasselbe zahlenmäßig kleine Publikum".

Alle aus dieser Prämisse gezogenen Folgerungen (vgl. Zeile 26ff.) sind deshalb nicht zwingend – dies gilt auch für die Schlussthese „Das ZDF will (...) ergattern." (Zeile 30ff.) –, denn man kann durchaus bezweifeln, dass alle Kulturkanäle nur ein bestimmtes eng umrissenes Publikum erreichen.
Aus der Infragestellung von Prämissen lässt sich häufig eine erste Gegenthese entwickeln. Dies gilt auch für apodiktisch formulierte Thesen wie: „Ein Theater, das seine Rechnung ohne das Publikum macht, ist kein Theater", denn dass sich das Theater per definitionem über die Publikumsräsonanz bestimmen lässt, muss man nicht akzeptieren.

- Überprüfen Sie die Thesen, die Sie ggf. in Aussagesätze umwandeln sollten, im Hinblick auf die Sachlogik der Argumente und die Überzeugungskraft der Beispiele.

Wieder empfiehlt es sich, mit Plus- und Minuszeichen die den einzelnen Thesen folgenden Argumente und Beispiele zu bewerten. Für die zweite These sieht dies beispielhaft dann so aus (Zeile 20ff.):

These in Aussageform: Unklar bleibt die Rolle der Theater bei der Einrichtung eines TV-Theaterkanals. + +

Argument: Es soll vor allem Archivmaterial gesendet werden. +

Beispiel: ZDF-Verantwortlicher spricht von „jederzeitiger Verfügbarkeit". –

Die These erscheint also zunächst bedenkenswert (+ +), das Argument trifft in gewisser Weise auch (+) zu, aber das Beispiel ist nicht eindeutig (–). Auch wenn es häufiger Wiederholungen gibt, spielen Neuinszenierungen – also „das Theater heute" – doch eine wichtigere Rolle als im bisherigen „normalen" ZDF-Programm.

2. Aufgabenstellung analysieren

Neben der auf die Inhaltswiedergabe und die Textanalyse („Art und Methode der vorliegenden Argumentation") zielende Aufgabenstellung wird von Ihnen ein eigener Kommentar erwartet. Letzteres gehört zu den sog. kreativen Aufgabenstellungen. Der Kommentar ist eine mit der Erörterung eng verwandte Textform, verlangt aber eine Meinungsäußerung, die knapp und präzise auf einen Sachverhalt ausgerichtet ist und den Leser nicht nur überzeugt, sondern auch wirklich anspricht. Nicht die Fülle der Argumente entscheidet, sondern die Stringenz und die formale wie inhaltliche Originalität.
Im Übrigen ist ihre Kreativität insofern eingeschränkt, als Sie moderne Theaterkonzeptionen einbeziehen, d. h. also kurz vorstellen und bewerten müssen. Die Aufgabenstellung ist hier sehr offen. Sie können aus einer Vielzahl im heutigen Theater noch relevanter Theoriemodelle auswählen. Aber auch hier gilt es sich zu beschränken. Es ist besser, ein oder zwei Modelle vorzustellen, statt vier oder fünf Theoriekonzepte nur knapp anzureißen. Nicht alles ist für eine eigene Argumentationskette brauchbar.

- Notieren Sie kurz konkrete Handlungsanweisungen, die sich aus den Teilaufgaben ergeben und bringen Sie sie in eine – für Sie – sinnvolle Reihenfolge.

Nicht unbedingt ist die von der Aufgabenstellung her naheliegende „Punkt-für-Punkt"-Abarbeitung der Aufgaben der für Sie geeignete Zugang. Fällt es Ihnen leicht, Inhalte zusammenzufassen, Stilmittel zu erkennen oder Standpunkte Dritter mit eigenen Worten wiederzugeben, so beginnen Sie damit. Sammeln Sie zunächst lieber Ideen für den Eigenkommentar, so spricht nichts dagegen, wenn Sie die Bearbeitung dieser Teilaufgabe vorziehen. Wichtig ist aber, dass Sie relativ zügig etwas Konzeptionelles oder den Text Strukturierendes zu Papier bringen, auch wenn Sie dies später u. U. in Teilen verwerfen.

Zweiter Arbeitsschritt: Erschließung des Inhalts, der Form und der Intention des vorgegebenen Textes

1. Inhaltserfassung

- Geben Sie einzelnen Textabschnitten, die sie durch geschweifte Klammern hervorheben, kurze Unterüberschriften.

Inhaltlich werden in einem Kommentar oft wenig Informationen gegeben. Der Sachverhalt lässt sich häufig in ein oder zwei Sätzen zusammenfassen, da sich der Autor auf ein Thema beschränkt und überzeugen, nicht in erster Linie informieren will. Der vorgegebene Text umfasst wenige Sinnabschnitte:

Zeile 1 – 6	Ein Theater ohne Publikum
Zeile 7 – 10	Rundfunkgebühren für ein „leeres" Theater?
Zeile 11 – 20	Neuer Theaterkanal des ZDF im digitalen Netz
Zeile 21 – 24	Ausstrahlung von Theaterstücken vor allem aus Archiv
Zeile 24 – 32	Ziel ist lediglich Sicherung eines weiteren digitalen Kanals

2. Kommunikationssituation

Die Überzeugungskraft einer Argumentationskette hängt auch mit der Autor-Leser/Hörer-Konstellation zusammen; Art und Methode der Problemerörterung sind abhängig vom Adressaten. Auch ein Kommentar bildet eine Kommunikationssituation ab. Kommunikationsmodelle sind Ihnen aus dem Kursunterricht der Oberstufe bekannt. Es gibt unterschiedliche Ansätze der Argumentation, die sich aber im Wesentlichen auf ein Grundmuster zurückführen lassen:

Argumentationsmodell

Je nach Adressat, Thema, Zeit und Kontext (kultureller oder sozialer Hintergrund, Art der Publikation, Medium, Verbreitungsgrad etc.) verschiebt sich die Argumentation. In der Praxis treten fast immer „Mischformen" auf, die im Kern aus drei „Reinformen" zusammengesetzt sind:

a) plausible Argumentation (zwingend logische Folge der Argumentationskette; aus sich heraus deutlich)
b) moralisch-ethische Argumentation (allgemeine Regeln und Normen bestimmen Argumentation)
c) rationale Argumentation (Die Vernunft erfordert ein Eingehen auf bestimmte Argumente, auch wenn sie nicht sofort deutlich sind.)

Bedenken Sie also, wen Sie ansprechen wollen, welcher Argumentationsform Sie jeweils folgen und vor welchem Hintergrund Sie argumentieren. Klären Sie dabei zunächst, welche Kommunikationssituation dem vorgegebenen Text zugrunde liegt. Nach dieser Folie müssen Sie Ihren Kommentar aufbauen.

3. Stilanalyse

- Markieren Sie die im Kommentar verwendeten Stilmittel sowie Auffälligkeiten in Wortwahl und Syntax.

Der Kommentar sucht die Position der Befürworter eines Theaterkanals als Absurdität erscheinen zu lassen. Deshalb skizziert er diese Position nur und sucht sie zu ironisieren. Die formalen Eigenheiten des Kommentars können Sie mit Hilfe des 6. Analysemodells (siehe Beilagen) bestimmen.

Stilmittel sind immer kontextabhängig. Dies zeigt sich z. B. in Zeile 23. Wenn der ZDF-Mitarbeiter von der „jederzeitigen Verfügbarkeit" der Stücke spricht, so ist dies eine zunächst neutrale Aussage. Im Kommentar wird dieses Zitat aber als bloßes „Prinzip der ständigen Wiederholung" (Zeile 23f.) apostrophiert und wirkt nun wie ein Euphemismus.
Die Schriftsprache unterscheidet sich im Allgemeinen deutlich von der gesprochenen Sprache (vgl. Beilagen, 2. Übersicht). Im Kommentar wird diese Trennung zum Teil aufgehoben, hier sind umgangssprachliche Wendungen, unvollständige Sätze, Verballhornungen u. a. m. durchaus üblich. Wortwahl und Wortspiele dienen oft der polemischen Zuspitzung, die den Leser zur klaren Stellungnahme veranlassen soll.

- Nehmen Sie nur formale Besonderheiten auf, die Sie deuten können, vermeiden Sie schlichte Aufzählungen. Beschränken Sie sich auf wirklich aussagekräftige Beispiele.

Dritter Arbeitsschritt: Erstellen eines Konzeptes zur Bearbeitung der Aufgaben

1. Textbearbeitung

- Erstellen Sie eine Gliederung zur Bearbeitung der Aufgaben.

Beide Aufgaben sind in:

A) Einleitung (z. B. Problematisierung der Gesamtthematik)
B) Hauptteil (Textanalyse/Eigenargumentation)
C) Schluss (z. B. Fazit, Ausblick) zu untergliedern.

Die Analyse des vorgegebenen Textes dürfte keine besonderen Schwierigkeiten bereiten, da hier sehr einlinig argumentiert wird. Es überwiegen griffig formulierte Thesen, die sich aus einer Zentralthese („Theater findet heute kein Publikum") ableiten lassen. Da inhaltlich nur über die Einführung des Theaterkanals gesprochen wird, greift die Autorin auf eine Vielzahl von stilistischen Varianten zurück, um ihre Thesen zu veranschaulichen.

Beim Unterstreichen sollten Sie sich auf ein oder zwei Themenfelder beschränken, sonst wird Ihr Text unübersichtlich. Trennen Sie zwischen formalen und inhaltlichen Aspekten. Unterstreichen Sie sparsam, verwenden Sie verschiedene Farben. Notfalls fertigen Sie sich eine Legende der Farben und Themenfelder.

2. Eigenkommentar

In einem Kommentar sind wie bei einer Rede drei Kernaspekte zu unterscheiden:

- Darstellungsaspekt: Ein Sachverhalt wird erläutert.
- Ausdrucksaspekt: Eindrücke und Gefühle werden verbalisiert.
- Appellaspekt: direkte Aufforderung an Zuhörer/Leser

Wesentlich beim Kommentar ist der Appellcharakter; ein Appell, abgeleitet vom lateinischen Wort „appellare“ (auffordern, mahnen) will jemanden zum konkreten oder doch wenigstens gedanklichen Handeln bewegen. Die Subjektivität der Argumentation ist hierbei kein Problem, wobei aber die Entwicklung der Gedanken in klarer und übersichtlicher, für Dritte jederzeit einsichtiger Form erfolgen muss. Subjektiv ist die These (Ausdrucksaspekt), objektiv sollte der Argumentationsgang erscheinen (Darstellungsaspekt). In Kommentaren wird für einen Standpunkt geworben, typische sprachliche Mittel sind dabei:

Sprachliche Mittel	**Beispiele**
Steigerung bis zur Übertreibung	die tiefste Tiefe der Irreführung
Wiederholung	immer und immer wieder
Anlehnung an Sprichwörter, Redensarten, Kinderreime	der Klügere leistet Widerstand
Gegensatz	früher … heute
Wortspiele	Westentaschenphilosoph
Vereinnahmung des Lesers	Wer noch alle Sinne beisammen hat, der …
Alliteration	klein und kläglich
gehäufte Verwendung von Modalverben	Wir könnten und sollten …
Umgangssprache	ergattern …

Auch das Argumentieren selbst lässt sich in einzelne gedankliche Schritte aufgliedern:

1. Ziel der Argumentation festlegen
2. Herausarbeitung einer These
3. Formulierung der These als Behauptung, Tatsachenfeststellung, Aufforderung, rhetorische Frage usw.
4. Erklärung zu Ursachen und Folgen
5. Veranschaulichung durch Belege

6. Verdeutlichung der Absicht
7. Zusammenfassung der Einzelüberlegungen

Zur Darstellung der eigenen Position im Kommentar soll eine abwägende Beurteilung des Pro und Contra hinzukommen. Als Gliederung bietet sich im Hauptteil in besonderer Weise die sog. dialektische Erörterung an, wobei auch das Prinzip des Doppeltrichtermodells (s. Beilagen, 3. Übersicht) oder die einfache Reihung (s. 2. Musterklausur, S. 42) möglich sind. Auf jeden Fall sind die Thesen, Argumente und Beispiele in eine aufsteigende bzw. absteigende Reihenfolge ihrer Gewichtigkeit anzuordnen.
Das dialektische Schlussverfahren ist eine komplizierte Methode im Bereich der Philosophie. Für die Erörterung im Rahmen eines Schulaufsatzes lässt sich dieses Schlussverfahren vereinfacht in einem Dreischritt darstellen:

These (Argument – Beispiel) ↔ Gegenthese (Argument – Beispiel) ↔ Folgerung

Entscheidend ist dabei, dass sich die Folgerung – nicht notwendig ein Kompromiss – zwingend aus dem Vergleich von These und Gegenthese ergibt und so in gewisser Weise eine höhere Qualität der Argumentationskette gewährleistet. Die Schlussfolgerung darf nicht willkürlich erscheinen, die Gegenthese muss eine ernsthafte gedankliche Auseinandersetzung deutlich werden lassen.
Bei der zur Diskussion stehenden Thematik könnte dies beispielsweise so aussehen:

These/Argument/Beispiel: Es ist unverkennbar, dass das Theater immer weniger Publikum anzieht, weil die elektronischen Medien heute das Unterhaltungsbedürfnis breiter Bevölkerungsschichten besser befriedigen, wie die Etablierung immer neuer Fernsehsender illustriert.

Gegenthese/Argument/Beispiel: Das Theater hat die Einführung von Kino und Fernsehen überlebt, weil die Erfahrung Kunst live zu erleben unersetzbar ist, wie z. B. auch der anhaltende Erfolg von Popkonzerten zeigt.

Schluss: Ein Theaterkanal im TV wird keinen Erfolg haben, weil er weder das Live-Erlebnis des Theaters noch die Abwechslung und Dynamik von Kino- und Fernsehfilmen erreichen kann.

■ Skizzieren Sie in Stichworten Ihnen aus dem Deutschunterricht vertraute moderne Theaterkonzeptionen.

Entscheidend für die sachgemäße Bearbeitung der Aufgabe ist der Einbezug einer oder mehrerer Ihnen bekannter Theaterkonzeptionen. Sie sollen also nicht einfach „aus dem Bauch" heraus kommentieren, sondern sich auf „Autoritäten" berufen. Theatermodelle sind Ihnen aus dem Unterricht bekannt. Zur Erinnerung einige Stichworte zu neueren Theaterkonzeptionen; je nach Unterrichtsschwerpunkt können Sie aber auch auf andere Theoretiker und Autoren zurückgreifen:

Das epische Theater (wichtiger Autor: Bertolt Brecht)

Themen	Formen	Sprache
Unterdrückung des Menschen	Verfremdungseffekt	Wechsel: Umgangssprache – gestaltete Sprache
Prägung des Menschen durch die Gesellschaft	exotische Schauplätze	
Besitzverhältnisse bestimmen Moral	Einzelszenen/Zwischenspiele	Songs/Lyrik
Aufruf zum Kampf gegen Ausbeutung	direkte Ansprache des Publikums	Dialektwendungen
Erschaffung eines neuen Menschen	keine Identifizierung, sondern Distanzierung/Nachdenklichkeit	Appelle

Das Dokumentationstheater (wichtiger Autor: Peter Weiss)

Themen	Formen	Sprache
bedeutende historische Ereignisse (NS-Zeit, Judenverfolgung)	Prozessnachzeichnung	Originalzitate
authentische Geschehnisse	Dokumentation ohne Emotion	Protokollsprache
Betroffenheit durch Echtheit/Banalität des Bösen	Auflösung von Akt/Szene	

Das moderne Volksstück (wichtiger Autor: Franz Xaver Kroetz)

Themen	Formen	Sprache
Weltbild der Unterschicht	Dialoge ohne Kommentare	Dialekt/restringierter Code
Kritik des Kapitalismus	Einakter	authentische Sprache
Beziehungslosigkeit in der Ausbeutungsgesellschaft	Hyperrealismus	
Verlogenheit bürgerlicher Moral	Alltagsszenerie	

Sie müssen diese Theaterkonzeptionen nicht alle ausführlich vorstellen, sondern lediglich einige interessante Aspekte auswählen, die Ihren Kommentar, der z. B. die Einführung eines TV-Theaterkanals befürwortet, stützen.

3. Stoffsammlung

- Sammeln Sie Argumente, die für die Einführung eines Theaterkanals im Fernsehen sprechen.

Das zentrale Gegenargument („Theateraufführungen finden im TV kein Publikum") wird im Artikel aus der FAZ ja im Einzelnen erläutert. In Ihrem Kommentar müssen Sie sich damit natürlich auseinandersetzen. Weitere Gegenargumente brauchen Sie allerdings nicht aufzulisten, wenn Sie sich in Ihrem Kommentar für die Einrichtung eines Theaterkanals aussprechen.

Für die Etablierung eines Theaterkanals im öffentlich-rechtlichen TV spricht:
- Bildungsauftrag des öffentlich-rechtlichen Fernsehens
- politische Rolle des Theaters in der Demokratie
- Aktualität des kulturellen Lebens
- Popularisierung neuer Stücke/neuer Autoren
- Abbau von Schwellenängsten bei breitem Publikum
- Programmangebot für Minderheiten
- Heranführung junger Leute an das Theater
- Theater bemüht sich eher um Publikumsnähe
- Abheben vom üblichen „Unterhaltungseinerlei" im TV
- Dialog zwischen Theatermachern und Publikum
- produktive Konkurrenz unter den Theatern
- überregionale Wirksamkeit
- Theater ohne hohe Kosten

Auch bei der Stoffsammlung für einen eigenen Kommentar können Sie nach einem Schema vorgehen, wenn Sie Schwierigkeiten haben, spontan Argumente niederzuschreiben.

Stellen Sie sich Fragen:
- Wie lautet mein Argumentationsziel?
- Welchen Zweck verfolge ich?
- Wen möchte ich ansprechen?
- Welche Bedingungen liegen den Thesen/Gegenthesen zugrunde? Welche Folgen ergeben sich aus ihnen?
- Was verdeutlicht die verschiedenen Ansichten?
- Welche Vergleiche, Wirkungen oder eigene Beobachtungen lassen sich einbauen?
- Gibt es persönliche Erlebnisse/Erfahrungen im zur Diskussion stehenden Themenfeld?
- Wem nützt/schadet der Sachverhalt?
- Welche moderne Theaterkonzeption stützt meine Thesen?

Vierter Arbeitsschritt: Formulierung einer Analyse der Textvorlage und eines selbstständigen Kommentars

■ Schreiben Sie nun Ihrer Gliederung folgend die Analyse und den Kommentar nieder.

Verfassen Sie Textanalyse und Kommentar möglichst in einem Zug; dies verhindert Brüche und Wiederholungen. Später können Sie dann noch sprachliche und inhaltliche Verbesserungen ergänzen. Der Kommentar muss nicht besonders lang sein, Sie können also zunächst eine Vorschrift anfertigen. Achten Sie auf Verbindungswörter und Absätze bei neuen Gedankenzusammenhängen.

■ Überarbeiten Sie Ihren Entwurf sprachlich und inhaltlich.

1. Textanalyse

Die erste Aufgabe lautete:
Suchen Sie im Text Thesen und Argumente und beschreiben Sie Art und Methode der vorliegenden Argumentation.

A. Einleitung

(Typ III; vgl. Beilagen, 4. Übersicht)

Die Rolle des Theaters in der Gesellschaft hat sich in den letzten Jahrzehnten entscheidend verändert. Unmittelbar nach dem Zweiten Weltkrieg waren die Theater in Ost und West gut besucht. Die Menschen strebten nach Unterhaltung, suchten nach den Schrecken des Nationalsozialismus sicher aber auch nach neuer geistiger Orientierung. Doch bald trat dies in den Hintergrund. Heute stehen wir vor einer im Wesentlichen auf Konsum und Unterhaltung ausgerichteten Medienflut, die uns fast zu überrollen scheint. Deshalb zeigt sich die Kommentatorin der FAZ in ihrem Beitrag „Zettelwirtschaft" vom 30. 8. 1999 auch verwundert, dass man einen neuen TV-Kanal plant, der ausschließlich Theaterstücke ausstrahlen soll.

B. Hauptteil

Die Autorin macht aus ihrer ablehnenden Haltung zu einem Theaterkanal schon zu Anfang ihres Kommentars keinen Hehl.
Offenbar sieht sich die Kommentatorin als Anwalt des Steuer- bzw. Gebührenzahlers, den sie vor dem Missbrauch seiner Gelder schützen möchte. Wofür das Geld denn aber besser ausgegeben werden sollte, erwähnt sie allerdings nicht. Im ersten Abschnitt (Zeile 1 – 6) entwickelt sie ihre Zentralthese: Der Theaterkanal sei zum Scheitern verurteilt, weil er kein Publikum finden werde. Mit Rundfunkgebühren sollten die leeren Theater unterstützt werden, ohne dass die Zuschauer dabei irgendein Mitspracherecht hätten (Zeile 7 – 10). Wenige Verantwortliche beim ZDF versuchten ihre „Vision" (Zeile 16) kurzfristig in die Tat umzusetzen. Den Theatern würde dies aber kaum nutzen, denn es wird ganz offen erklärt, dass man vor allem „Archivmaterial" (Zeile 22) ausstrahlen wolle, auch wenn dies mit dem Begriff der „jederzeitigen Verfügbarkeit" (Zeile 23) bemäntelt würde.
Die Befürworter eines solchen Theaterkanals beim ZDF verfolgten aber ganz andere als die öffentlich propagierten Ziele. Es gehe hier lediglich um die Sicherung neuer Kanäle im digitalen Netz (Zeile 24 – 32). Im Interesse des Publikums zu handeln sei folglich nur die Vorspiegelung falscher Tatsachen.
Die Autorin will in erster Linie an ihre Leser appellieren, sie von der Unsinnigkeit der Einrichtung eines Theaterkanals im TV überzeugen. Sie reiht ihre Thesen knapp aneinander. Ihre Argumente sollen auf den ersten Blick plausibel erscheinen. Dabei stellt sie – wie beispielsweise in dem Satz „Ein Theater, das seine Rechnung ohne das Publikum macht, ist kein Theater" (Zeile 6f.) – apodiktische Thesen auf, an die sie weitreichende Folgerungen knüpft, hier etwa die pauschale Ablehnung eines TV-Theaterkanals. Diese Thesen sollen logische Prämissen sein, aus denen man sozusagen beweiskräftige Schluss-

folgerungen ziehen kann. Im Einzelnen ist aber z. B. fraglich, ob das Theater seine Rechnung wirklich immer mit dem Publikum machen muss. Es kann sicher auch nötig sein, die Zuschauer zu verunsichern oder auch vor den Kopf zu stoßen, um Neuentwicklungen erst möglich zu machen.
Auf der Stilebene fallen zunächst die Wortspiele und die rhetorische Frage als Schlusssatz ins Auge. Schon die Überschrift „Zettelwirtschaft" lässt an Durcheinander und im digitalen Zeitalter auch an Rückständigkeit denken. Beides soll damit unterschwellig den Befürwortern eines Theaterkanals zugeschrieben werden. Zugleich verweist sie auf eine Figur in Shakespeares Drama „Ein Sommernachtstraum" und soll damit wie auch die Fachbegriffe „Schnürboden" (Zeile 6) oder „Musenhaus" (Zeile 27), die Zitierung Peter Brooks oder die Erwähnung des deutschen Bühnenvereins eine intime Kenntnis der Theaterwelt erkennen lassen.
Das Wortspiel „Archivmaterial aus dem Theaterfundus des ZDF" (Zeile 22f.) soll die selbst ernannten Förderer des Theaters als Heuchler entlarven. Dem dienen auch die ironischen Wendungen einer angeblich „kunstsinnigen Kommune" (Zeile 9) oder der Begriff „ambitionierte(s) ZDF-Unternehmen" (Zeile 13f.). Die eigenen Thesen sollen an Plausibilität gewinnen, indem sie mit festen Wendungen wie des „Rätsels Lösung" (Zeile 29f.) eingeleitet werden. Einer Gegenthese wird die Ernsthaftigkeit genommen, wenn sie mit dem Sprichwort der „Wunsch ist der Vater des Gedankens" (Zeile 11) ironisiert wird. Die rhetorische Schlussfrage „Wen kümmert es da, dass die Publikumsränge leer bleiben?" soll die Anhänger eines Theaterkanals als lebensfremde Visionäre darstellen, die sich um die Interessen des Publikums, dem sie doch eigentlich verpflichtet sein sollten, gar nicht scheren. So werden sie auch mit umgangssprachlichen Formulierungen wie „buhlen" (Zeile 25) und „ergattern" (Zeile 31) belegt.

C. Schluss
(Typ I; vgl. Beilagen, 4. Übersicht)

In einem ironisch-polemischen Kommentar wird die Einrichtung eines TV-Kanals im öffentlich-rechtlichen Rundfunk pauschal abgelehnt. Den Befürwortern wird vorgeworfen, dass sie nur Eigeninteressen vertreten und das Publikum und dessen Wünsche völlig vernachlässigen.

2. Eigener Kommentar

Die zweite Aufgabe lautete:
Formulieren Sie einen alternativen Zeitungskommentar, in dem Sie das Problem der Etablierung eines „Theaterkanals" im TV unter Einbezug moderner Theaterkonzeptionen erörtern.

A. Einleitung
(Typ IV; vgl. Beilagen, 4. Übersicht)

Heftig diskutiert wird gegenwärtig die Frage, was das Fernsehen darf bzw. wo die „moralischen" Grenzen für TV-Sendungen liegen. Eine Gruppe von Menschen in einen Container zu sperren und monatelang ihre privatesten Verrichtungen mit der Kamera zu beobachten, geht vielen zu weit, die deshalb sogar das Verbot solcher Sendungen fordern.
Da wirkt die Kontroverse um die Einrichtung eines TV-Kanals in den öffentlich-rechtlichen Medien vergleichsweise harmlos. Um so erstaunlicher ist es, dass auch hier die Meinungen heftig aufeinanderprallen.

B. Hauptteil

Die öffentlich-rechtlichen Sender wie das ZDF haben einen Bildungsauftrag, zugleich müssen sie aber auch auf Einschaltquoten und Publikumswirksamkeit bedacht sein. Warum sollte man dann aber Sendungen wie Theateraufführungen, die fraglos kein Massenpublikum anziehen, in einem gesonderten Kanal ausstrahlen?
Wer den Bildungsauftrag des vom Gebührenzahler finanzierten und unter staatlicher Aufsicht stehenden Fernsehens ernst nimmt, muss dafür sorgen, dass sich diese Programme vom ausschließlich durch Werbung finanzierten und auf Massenunterhaltung ausgerichteten Privatfernsehen unterscheiden. Die Kultur spielt in einer Demokratie eine wichtige Rolle. Meinungsfreiheit, der Schutz von Minderheiten und die Mitwirkung möglichst aller an Entscheidungsprozessen sind unverzichtbar. Deshalb werden Schulen und Universitäten vom Staat unterhalten, Theater subventioniert und Künstler durch Preise und Stipendien unterstützt. Es ist nicht einzusehen, dass dies im Fernsehen anders sein sollte. Es muss ein Programmangebot für Minderheiten geben, jeder muss Zugang zur kulturellen Ereignissen haben, und gerade junge Leute müssen für das Theater begeistert werden, wenn wir unsere kulturelle Tradition wirklich ernst nehmen. Das TV kann hier Schwellenängste abbauen und das moderne Theater popularisieren. Vielleicht gelingt es so auch, das anspruchsvolle Theater aus dem Elfenbeinturm zu befreien.
Auch wenn Kritiker meinen, der Theaterkanal würde den Schauspielhäusern in Deutschland nur Zuschauer abziehen, so ist doch im Gegenteil davon auszugehen, dass die Besucherzahlen in den Theatern eher größer als kleiner werden dürften, denn – um ein Beispiel aus dem Bereich des Sports zu wählen – auch die immer weiter ausufernde Fußballberichterstattung im TV hat die Stadien nicht geleert.

Die Bühne selbst dürfte ebenfalls nur profitieren. Wichtige Aufführungen könnten von einem breiten Publikum auch in der sog. Theaterprovinz zur Kenntnis genommen und diskutiert werden. Die Theatermacher einer Stadt müssten mit denen anderer Städte in Konkurrenz treten. Jüngere Autoren

würden u. U. schneller in ganz Deutschland bekannt, die Stücke hätten sich im direkten Vergleich zum Unterhaltungsfernsehen zu behaupten.
Da ein eigener TV-Kanal täglich Aufführungen senden könnte, wäre es kein Problem, aktuelle Inszenierungen ins Programm zu nehmen, die man beispielsweise auch für Unterrichtszwecke aufzeichnen könnte.
Schließlich hätten viel mehr Regisseure und Schauspieler die Chance, sich mit anspruchsvollen Regieleistungen und Charakterdarstellungen zu beweisen, als dies heute der Fall ist. Nicht zu unterschätzen sind auch die finanziellen Möglichkeiten, die sich einem Theater bieten, das Aufführungsrechte an die Medien verkaufen kann.

Greift man auf modernere Theaterkonzeptionen zurück, um die Frage nach der Rolle eines Theaterkanals in der heutigen Bühnenlandschaft zu klären, so könnte man zunächst auf Bertolt Brecht verweisen, der längst ein moderner Klassiker geworden ist. Brecht sah seine Arbeit als politisch an, er wollte über die Bewusstseinsveränderung des Einzelnen gesellschaftliche Umwälzungen erreichen. Deshalb ist schon von diesem Ansatz her die größtmögliche Öffentlichkeit, wie sie heute ja das Fernsehen herstellt, ganz im Sinne des Brechtschen Denkens. Er selbst hat in den zwanziger und dreißiger Jahren an damals modernen Filmprojekten mitgewirkt.
Die von Brecht geforderte Verfremdung, die eine Distanz schafft und das Publikum zum Nachdenken anregt, ist im TV ebenfalls gegeben. In gewisser Weise steigert das Medium sogar die Distanz zum Bühnengeschehen und verhindert die naive Identifizierung mit den handelnden Figuren. Da Brecht bewusst populäre Elemente wie Songs einsetzt, will er ein Publikum ansprechen, das an Unterhaltung gewöhnt ist, was ja für das Fernsehpublikum in besonderer Weise gilt. Die Entlarvung gesellschaftlicher Missstände im TV wird in unterschiedlichen Sendeformen erreicht. Warum sollte dies nicht auch über einen Theaterkanal möglich sein? Viele Effekte lassen sich in Film und Fernsehen besser darstellen als auf einer noch so gut ausgestatteten Bühne.
Gerade die von Brecht häufig eingesetzten Figuren (Prostituierte, Diebe, Zuhälter, also die Randständigen der Gesellschaft) illustrieren, dass er seinen Stoff oft mitten aus dem Leben nahm um ihn dann zu bearbeiten. Nichts lag ihm ferner als das gutbürgerliche Theater mit all seinen Konventionen. Gerade die sozial benachteiligten Schichten – die große Mehrheit des Volkes – sollten ihre Lage erkennen und zur Veränderung der Besitzverhältnisse übergehen.
Im Übrigen sollte man es doch den Zuschauern überlassen, ob sie einen solchen Kanal wünschen oder nicht. Schon heute gibt es reine Nachrichtensender, die immer größere Akzeptanz finden, obwohl man dies vor einigen Jahren für ganz unmöglich hielt.
Das Theater muss mit der Zeit gehen, neue Formen erproben und sich der neuen Medien bedienen. Nur so wird es möglich sein, der so genannten klassischen Literatur noch einen Platz in unserer Gesellschaft zu bewahren. Auch

die Vertreter der klassischen Musik haben den Konzertsaal längst verlassen, wie Festivals in Scheunen, Sportarenen und unter freiem Himmel beweisen. Neue Formen sind möglich, vielleicht wird es bald eigene Fernsehstücke geben, die die Besonderheiten dieses Mediums aufgreifen. Das von Kritikern beklagte Desinteresse vieler Menschen am Theater ist kein unabwendbares Schicksal, denn Menschen werden in Zukunft über mehr Freizeit verfügen. Das bietet der Kultur überhaupt neue Perspektiven, die man für die ernsthafte Kunst nutzen kann, denn auch das Bildungsniveau steigt, immer mehr Menschen verfügen heute über Abitur und Hochschulabschluss.

C. Schluss
(Typ V; vgl. Beilagen, 4. Übersicht)

Lange bevor ich auf der Bühne oder gar in der Schule das erste Mal mit Theater im weitesten Sinne in Berührung gekommen bin, waren mir Inszenierungen von Märchen und anderen Stücken für Kinder aus dem Fernsehen vertraut. Bevor ich das erste Buch in die Hand genommen habe, kannte ich Geschichten von Hörspielcassetten und Videos. Für die mit den elektronischen Medien aufgewachsene Generation ist ein Theaterkanal meines Erachtens so selbstverständlich wie ein Musikkanal. Es wird zwar nur eine bestimmte Zielgruppe angesprochen, doch steht dieses Medium praktisch jedem zur Verfügung und bereichert so das kulturelle Angebot.

Fünfter Arbeitsschritt: Durchlesen und Korrektur der Arbeit

Analyseteil und Kommentar müssen frei von Fehlern sein. Nehmen Sie sich ausreichend Zeit, Ihre Stichworte und Entwürfe noch einmal durchzusehen, um sicherzustellen, dass Sie inhaltlich nichts Entscheidendes vergessen haben. Dann überprüfen Sie Orthographie, Interpunktion und Syntax. Auch die Einteilung in Absätze sollte noch einmal auf Stimmigkeit durchgesehen werden. Als Faustregel gilt hierbei: Lieber zu viel als zu wenig Absätze!

Teil II

Übungsklausuren

1. Übungsklausur/Gesellschaftspolitik
Volker Beck, Heirat für homosexuelle Paare?

Heirat für homosexuelle Paare?

JA

Volker Beck

Der 36-jährige Politiker ist rechtspolitischer Sprecher der Bundestagsfraktion von Bündnis 90/Die Grünen.
Volker Beck ist auch Sprecher des Schwulenverbands in Deutschland (SVD)

In Skandinavien erhalten homosexuelle Paare mit dem Gang zum Standesamt die gleichen Rechte wie Eheleute. Das Abendland ist dennoch nicht untergegangen. Bei uns sind schwule und lesbische Paare rechtlos. Dagegen helfen weder Verträge noch Testamente.

Das Bundesverfassungsgericht konstatierte „vielfältige Behinderungen" der „privaten Lebensgestaltung" und „Benachteiligungen gegenüber Ehepaaren". Es hat aber eine Entscheidung verweigert und den Ball dem Parlament zugespielt.

Karlsruhe lässt dem Gesetzgeber freie Hand: Er muss nicht, aber er darf den Homosexuellen den Zugang zur Ehe eröffnen. Der Gesetzgeber sollte den gesellschaftlichen Wandel anerkennen. Wenn Menschen füreinander einstehen, muss der Staat dies schützen. Es geht dabei nicht ums Ehegattensplitting. Ohnehin sollte nur Kindererziehung und nicht der Trauschein finanziell gefördert werden. Für die Ausgrenzung der Homosexuellen spricht nur das dumpfe: „Das war schon immer so!" Die Gesellschaft denkt hier aber viel liberaler als die Bonner Regierung. Laut Meinungsumfragen befürwortet inzwischen eine Mehrheit die Ehe für Homosexuelle. Vor 100 Jahren wurde in Berlin die erste homosexuelle Bürgerrechtsorganisation gegründet. Hauptziel war die Streichung des Paragrafen 175, der Homosexualität unter Strafe stellte. Es hat 97 Jahre gedauert, bis die letzten Reste dieses Schandparagrafen getilgt wurden. Die Anerkennung als Bürger mit gleichen Rechten steht immer noch aus. Es darf nicht wieder ein Jahrhundert vergehen, bis Deutschland an den zivilisatorischen Standort Europas anschließt.

FOCUS 20/1997.

Aufgaben

1. Geben Sie die zentralen Thesen des Textes mit eigenen Worten wieder.
2. Untersuchen Sie den Argumentationsgang des Autors im Hinblick auf Stimmigkeit und Überzeugungskraft.
3. Verfassen Sie einen alternativen Zeitungskommentar zum Thema „Ehe für Homosexuelle".

Erster Arbeitsschritt: Sichtung der Aufgabenstellung und kursorisches Lesen des Textes

Bei der Aufgabenstellung ist hervorzuheben, dass keineswegs die Homosexualität an sich zu diskutieren sein wird, sondern lediglich die im weitesten Sinn rechtliche Stellung von homosexuellen Paaren. Hüten Sie sich also vor Grundsatzdebatten über die religiöse, soziologische oder psychologische Einstellung zur Homosexualität unterschiedlicher gesellschaftlicher Gruppen. Referieren Sie nur kurz Ihnen bekannte Positionen, z. B. der Kirchen, und bilden Sie dann Ihre eigene Meinung ab.

Der Autor des Textes, Volker Beck, ist Bundestagsabgeordneter der GRÜNEN und Sprecher des Schwulenverbandes in Deutschland (SVD) und deshalb sozusagen qua Amt mit dem Thema „Heirat für homosexuelle Paare" befasst. Als Abgeordneter des gesetzgebenden Organs der Bundesrepublik Deutschland kann er seine Vorstellungen unmittelbar umsetzen, d.h. entsprechende Gesetze auf den Weg bringen, sofern er eine Mehrheit der Abgeordneten des Bundestages hinter sich bringt.

Die Position Becks ist eindeutig: Er wünscht eine Neuregelung der Ehegesetzgebung, die es Homosexuellen wie in Skandinavien ermöglicht, standesamtlich zu heiraten und somit alle juristischen Rechte und Pflichten zu haben wie zur Zeit nur Ehepartner verschiedenen Geschlechts. Betont wird die Aktualität des Themas, da „Karlsruhe" (gemeint ist das Bundesverfassungsgericht in Karlsruhe) keine prinzipielle Festlegung der Ehe nach heutigem Muster verlange, sondern dem Gesetzgeber freie Hand lasse, andere Regelungen zu treffen, zumal laut Meinungsumfragen eine Mehrheit der Bevölkerung die Ehe für homosexuelle Paare befürworte.

Sein knapper Text, veröffentlicht in einem populären Nachrichtenmagazin mit hoher Auflage, reiht im Wesentlichen Thesen aneinander und hat – wie sich vor allem am Schluss zeigt – eine klare Appellfunktion. Der Verfasser vertritt einen eindeutigen Standpunkt und will überzeugen, ohne dass Kompromisslinien mit den nicht näher genannten Gegnern aufgezeigt werden.

Zweiter Arbeitsschritt: Erschließung des Inhalts, der Form und der Intention des vorgegebenen Textes

a) Inhalt

Markieren Sie jeweils zentrale Aussagen in jedem Absatz. Der Autor variiert nur ein Thema, der Inhalt lässt sich in zwei oder drei Sätzen zusammenfassen.

- Die derzeitige Ehegesetzgebung in Deutschland ist Folge einer über Jahrhunderte üblichen Diskriminierung von Homosexuellen.
- Homosexuelle Partnerschaften sollten nach ausländischem Vorbild der Ehe zwischen Mann und Frau rechtlich völlig gleichgestellt werden.
- Rein juristisch gibt es hier keine unüberwindbaren Hindernisse.
- Der Gesetzgeber sollte dem gewandelten Meinungsbild in der Bevölkerung folgen.

b) Form

Der insgesamt recht kurze Kommentar wirft nur knapp, z. T. nur in Andeutungen (typisch für einen Kommentar), die Problematik auf. Die Intention ist schon im Kolumnentitel deutlich. Unter der Frage „Heirat für homosexuelle Paare" findet sich in der Kastenlinie ein schwarz unterlegtes „JA". Den Leser interessiert nun nicht mehr die Beantwortung der Frage an sich, sondern der Argumentationsgang. In den ersten beiden kurzen Absätzen finden sich die zentralen Thesen, im dritten, deutlich längeren, eher historische Informationen sowie ein Ausblick in die Zukunft.
In Parataxen werden in den Zeilen 1 – 9 Thesen und erste Begründungen geboten. Kurz werden auch Gegenpositionen benannt (vgl. Zeile 34f. und 45ff.). Im Wesentlichen finden sich aber Einzelthesen mit Begründungen und Beispielen; zumeist wird dabei auf die Praxis in anderen Ländern verwiesen. Gegenthesen sind schon rein quantitativ deutlich unterrepräsentiert, werden aber indirekt z. B. durch den Hinweis „Das war schon immer so!" (Zeile 34f.; Tradition als Gegenargument) oder den Verweis auf das Bundesverfassungsgericht, dass dem Gesetzgeber freie Hand lasse, deutlich (Gegenargument: keine Verpflichtung, homosexuelle Lebensgemeinschaften mit der Ehe rechtlich gleichzustellen).

c) Textintention

Der Verfasser sucht die Zustimmung zu seiner Meinung zunächst durch Autoritätsargumente zu erreichen („Skandinavien" Zeile 1 und „Bundesverfassungsgericht" Zeile 10). Dem folgt er auch im weiteren Verlauf seiner Abhandlung, wenn er auf aktuelle Meinungsumfragen hinweist (Zeile 37ff.), die historische Entwicklung beschwört (Zeile 40ff.) und im Schlussappell vom „zivilisatorischen Standort Europas" (Zeile 55f.) spricht.
Andere Meinungen werden expressis verbis nicht genannt. Damit soll verdeutlicht werden, dass die Gegner einer Ehe für homosexuelle Paare offenbar nicht

über Argumente verfügen. Er zitiert deren Standpunkt direkt eigentlich nur mit dem „dumpfen" Pauschalurteil: „Das war schon immer so!" (Zeile 34f.). Somit erscheinen die Gegner als von Vorurteilen bestimmte Reaktionäre, die sich ohne wirklich nachzudenken gegen den Geist der Zeit und sogar gegen den in Umfragen zum Ausdruck kommenden Mehrheitswillen stellen. Volker Beck versucht so, die Zustimmung zu seinem Standpunkt als selbstverständlich (Plausibilitätsargument) hinzustellen.
Da er hier nicht zuletzt auch als Sprecher des Schwulenverbandes Stellung bezieht, kann man seine Ausführungen als pro domo-Argumentation bezeichnen (Argumentation im Eigeninteresse).

Dritter Arbeitsschritt: Erstellen eines Konzeptes zur Bearbeitung der Aufgaben

Der Hauptteil Ihrer Untersuchung in Aufgabe 2 wird Form und Intention beleuchten. Die einzelnen Untersuchungsaspekte sollten sich in der Feingliederung dieses Teiles spiegeln:

Aufgabe 1: Einleitung mit Quellenangabe, Thesen nach Abfolge im Text

Aufgabe 2:
- A. Einleitung (Hinweis auf Vorgehensweise)
- B. Hauptteil
  1. kurze Rekapitulation des Inhalts
  2. Formanalyse/Logik der Argumentation?
  3. Untersuchung der Intention des Autors
  4. Bewertung
- C. Schluss (z. B. Ausblick auf Erfolg/Misserfolg der Vorschläge des Autors)

Aufgabe 3:
- A. Einleitung (z. B. Bezug auf Ausgangstext)
- B. Hauptteil
  1. Zentralthese
  2. Entwicklung der Gegen- und Eigenthesen/Argumente/Beispiele (Prinzip der Reihung nach Gewichtung)
  3. Fazit des Argumentationsganges
- C. Schluss (z. B. persönliche Stellungnahme)

Um Ideen für den eigenen Kommentar zu sammeln bietet sich die so genannte Cluster-Methode an. Sie schreiben auf ein quer gelegtes Din-A4-Blatt ein relevantes Stichwort, hier z. B. Ehe und tragen dann Ihnen dazu einfallende Begriffe auf das Blatt ein, die Sie später nach Wichtigkeit oder Originalität ordnen und mit dem Ursprungsbegriff verbinden.

Cluster

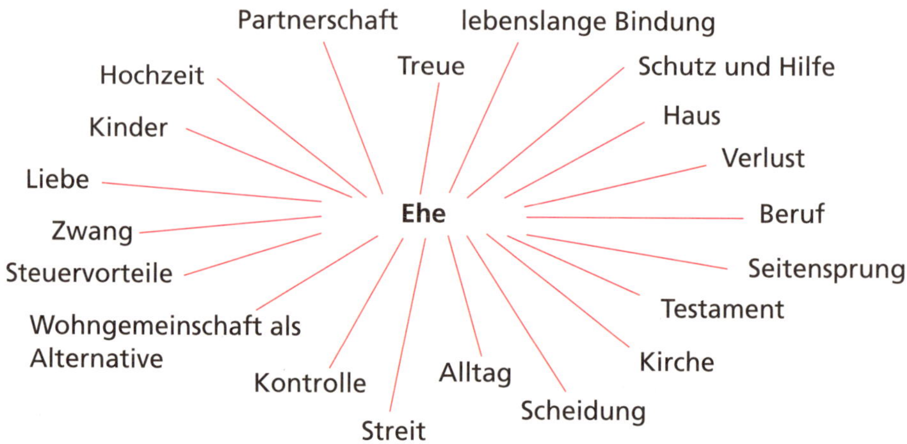

Ähnlich können Sie mit zwei oder drei weiteren für das Thema zentralen Begriffen verfahren (z. B. Recht oder Moral). Die so sortierten Begriffe bilden das inhaltliche Gerüst der eigenen Darstellung. Ihre Darstellung beginnt dann mit einer prägnanten Begriffsklärung. Schließlich müssen Sie noch ein Argumentationsmuster festlegen, z. B. das Prinzip der Reihung nach Wichtigkeit; das schlagkräftigste Argument steht dann am Schluss. Selbstverständlich muss zu Beginn eine Zentralthese festgelegt werden, die Ihre Meinung spiegelt und auf die Sie sich mit allen Unterthesen und Begründungen beziehen; zum Beispiel: „Die Ehe für Homosexuelle wird abgelehnt".
Umfang und Qualität des Clusters liefern Ihnen dann zusätzlich auch die inhaltliche Abfolge Ihrer Erörterung: Beginnen Sie z. B. Ihre Argumentationskette mit dem Begriff, zu dem Ihnen die meisten Cluster-Begriffe eingefallen sind.

Vierter Arbeitsschritt: Formulierung einer Analyse der Textvorlage und einer selbstständigen Erörterung

Die Lösung der ersten beiden Aufgaben ergibt sich aus den Vorarbeiten der Arbeitsschritte 1 – 3. Bei Aufgabe 1 genügen ausformulierte Thesen, ein zusammenhängender Text wird hier nicht gefordert. Bei Aufgabe 2 müssen Sie werten, also beispielsweise auf die Vernachlässigung einer sachlichen Darstellung von Gegenargumenten verweisen (Hauptteil B, Unterpunkt 4 darf nicht zu knapp ausfallen).

Zur 3. Aufgabe: Die Auflösung des Clusters, etwa zu Beginn des Hauptteiles (Position: Ablehnung der Ehe für homosexuelle Paare), könnte folgendermaßen aussehen:

B. Hauptteil

1. Zentralthese

Die Ehe ist eine über Jahrhunderte gewachsene Institution, in der sich Mann und Frau zur Familiengründung binden. Das Zusammenleben von homosexuellen Partnern sollte sich auch in Zukunft rechtlich von der Ehe unterscheiden.

2. Entwicklung der Gegen- und Eigenthesen

Fordert man die rechtliche Gleichstellung der Homosexuellen in Bezug auf die Ehegesetzgebung, so ist zunächst zu fragen, was die Ehe ist und wie sie bei uns gesetzlich geregelt wird.
Die standesamtliche Ehe ist die vor dem Gesetz bekundete Partnerschaft von Mann und Frau, die auf Dauer angelegt ist und die grundsätzlich die Keimzelle einer späteren Familie bildet. Da sich unsere Gesellschaft nach wie vor auf die Familie gründet, genießt die Ehe bei uns rechtlichen Schutz und gewisse Privilegien. So zahlen Verheiratete weniger Steuern, sind gegenseitig erbberechtigt, können für ihren Partner Entscheidungen treffen, wenn dieser aus Krankheitsgründen daran gehindert ist, dürfen Kinder adoptieren und werden selbst bei Scheidungen rechtlich abgesichert. Alle diese Bevorzugungen hat die Gesellschaft geschaffen, um die Gründung von Familien – zu denen in aller Regel auch Kinder gehören – zu unterstützen. Schließlich sichern nur Kinder die Zukunft einer Gemeinschaft.
Schon diese Grundvoraussetzungen sprechen gegen eine Ehe für Homosexuelle, da diese nun einmal keine leiblichen Kinder bekommen können. Homosexuelle würden also die Vorteile einer Ehe genießen, ohne der Gesellschaft in Form der Kindererziehung etwas zurückzugeben.
Nun ließe sich einwenden, dass auch heterosexuelle Paare oft kinderlos blieben und homosexuelle Männer und Frauen ja Kinder adoptieren, Frauen sich auch künstlich befruchten lassen könnten. Doch gilt dies rein statistisch gesehen nur für wenige Homosexuelle, während Männer und Frauen in Ehen doch in der übergroßen Mehrheit Kinder wollen. Nicht wenige unternehmen sogar erhebliche medizinische Anstrengungen, um z. B. etwas gegen die ungewollte Kinderlosigkeit zu tun. Auch ist darauf zu verweisen, dass viele Ehepaare Kinder adoptieren wollen und dafür jahrelange Überprüfungen und Wartezeiten in Kauf nehmen, einige zahlen selbst horrende Beträge, um ein Kind aus der Dritten Welt zu adoptieren. Obwohl diese Praxis sicher problematisch ist, so unterstreicht sie doch den offenbar tiefen Wunsch vieler Männer und Frauen nach einem Zusammenleben mit einem Partner und mit Kindern.
Ehepaare haben das Recht Kinder zu adoptieren, wenn sie bestimmte Voraussetzungen erfüllen. Dieses Recht müsste man auch Homosexuellen zubilligen, wenn man für sie die Ehe fordert. Ob gleichgeschlechtliche Ehen Kindern eine Orientierung an Vater und Mutter ermöglichen, muss hier nicht diskutiert werden, da viele Kinder heute schon ohne Väter, in wenigen Fällen

auch ohne Mutter aufwachsen und die Scheidungsraten ständig steigen. Zweifellos wären Kinder, die homosexuelle Eltern haben, aber Diskriminierungen in Schule, in Vereinen usw. ausgesetzt, was sie sicherlich in ihrer Entwicklung beeinträchtigen könnte. Doch darf dieses Argument sicher nicht überbewertet werden. Man kann auch lernen, sich gegen eine feindselige Umwelt durchzusetzen und die Vorurteile gegenüber Homosexuellen nehmen immer mehr ab.

Die beiden großen christliche Kirchen in Deutschland – sie repräsentieren nach wie vor die Mehrheit der Bevölkerung – lehnen die Ehe für homosexuelle Paare ab, weil ihrer Auffassung nach die biblische Überlieferung nur die Verbindung von Mann und Frau kennt und gleichgeschlechtliche Beziehungen sowohl im Alten als auch im Neuen Testament strikt verwirft. Für die zahlreichen Muslime in Deutschland ist die Frage aus religiöser Sicht nicht einmal diskussionswürdig.
Hier könnte man kritisch anmerken, dass die Kirchen damit gegen das Gebot der Nächstenliebe, vielbeschworene ethische Grundlage des Christentums, verstoßen. Doch darf man die Ablehnung gleichgeschlechtlicher Eheschließungen nicht mit der pauschalen Diskriminierung einer Minderheit gleichsetzen. Gerade in den Kirchen bemüht man sich, um eine neue Offenheit gegenüber Homosexuellen, die keineswegs wie noch in früheren Jahrhunderten als Sünder betrachtet werden. Auch heterosexuelle Paare haben keinen Rechtsanspruch auf eine Ehe mit kirchlichem Segen.
Ehe gilt den Gläubigen als Keimzelle der Familie, in der Kinder heranwachsen sollen. In diesem Sinn wird die göttliche Schöpfungsordnung verstanden. Von daher ist es theologisch durchaus verständlich, dass sich die Kirchen mit der Eheschließung für Homosexuelle schwer tun. Besonders die katholische Kirche bewahrt Traditionen, die man nicht in Bausch und Bogen als rückständig und menschenfeindlich verachten darf. Die Geschichte kennt auch Beispiele dafür, dass der sog. Zeitgeist irrt. Man denke etwa an die Kommunen in den siebziger Jahren des letzten Jahrhunderts, die als Familienersatz gedacht waren; längst ist man zu vermeintlich überholten Moralvorstellungen zurückgekehrt.
Das Bundesverfassungsgericht, das ja über die Gleichbehandlung aller vor dem Gesetz wachen muss, hat dem Gesetzgeber zwar zugebilligt, gleichgeschlechtliche Lebensgemeinschaften der Ehe gleichzustellen, dies aber keineswegs zwingend vorgeschrieben. Ein Menschenrecht auf Ehe gibt es schließlich nicht.

Alternativen

Sie können zweifellos auch eine gegenteilige Meinung vertreten und Volker Beck unterstützen. Weitere Argumente für eine Eheschließung homosexueller Paare wären etwa der Hinweis auf die finanziellen Vorteile, die auch geschiedenen

Ehepartnern – z. B. beim so genannten Rentenausgleich – zustehen usw. oder die allmähliche Säkularisierung unserer Gesellschaft, in der religiöse Normen für immer weniger Menschen von Bedeutung sind. Nur müssten Sie auch in diesem Fall die Gegenposition etwa der Kirchen thematisieren.
Gleichzeitig könnte man aber auch darauf verweisen, dass einige christliche Gemeinden in Dänemark und in den Niederlanden Homosexuelle in der Kirche trauen, in der evangelischen Kirche homosexuelle Pastoren an die Öffentlichkeit treten, auch die CDU neue Grundsätze zur Familienpolitik erarbeitet hat, die die Rechte von Homosexuellen stärken usw.
Verfassungsrechtlich kann man natürlich auch beanstanden, dass Menschen aufgrund ihrer sexuellen Eigenart diskriminiert werden, was dem Geist unseres Grundgesetzes eindeutig widerspricht usw.
Selbstverständlich sind auch Kompromisslinien denkbar: Man kann z. B. grundsätzlich für eine Bindung von Homosexuellen vor dem Gesetz eintreten, ohne dass damit alle Rechte von Eheleuten wie etwa das Adoptionsrecht verbunden wären.

Fünfter Arbeitsschritt: Durchlesen und Korrektur der Arbeit

Überprüfen Sie Interpunktion und Rechtschreibung und vollziehen Sie die Logik Ihrer Gedankenfolge noch einmal nach. Achten Sie auf die innere Stimmigkeit Ihrer Unterteilung in Absätze und die Klarheit und Eindeutigkeit Ihrer jeweiligen Schlussthesen. Vermeiden Sie Schachtelsätze und überlange Aufzählungen.

2. Übungsklausur/Gesellschaftspolitik Hanno Rauterberg, Aufgesockelt

Aufgesockelt

Brauchen die Deutschen ein Nationaldenkmal?

Natürlich wird das Berliner Mahnmal für die ermordeten Juden auch ein Denkmal der deutschen Nation sein. Denn nichts eint die Deutschen so sehr wie die Erinnerung an den Holocaust und der Streit darüber. Das Stelenfeld des Architekten Peter Eisenman ist schon heute der Zentralort dieser Debatten, und wenn es irgendwann einmal gebaut sein sollte, wird es sich zum Walhalla der Selbstfindung verwandeln. Offen ist einzig, ob sich die Nation dort dem Holocaust stellt, sich von ihm verabschiedet oder ihn endgültig zum Freizeit- und Historiendrama verwandelt.

Eine Art nationales Gegenmonument wollen jetzt über hundert Bundestagsabgeordnete errichten. CDU-Merkel ebenso wie SPD-Meckel fordern den Kanzler auf, ein „Einheits- und Freiheitsdenkmal auf der Berliner Schlossfreiheit“ aufzubauen, mit dem der „friedlichen Revolution vom Herbst 1989 und der staatlichen Einheit Deutschlands am 3. Oktober 1990“ gedacht werden soll. Nicht irgendein verrätseltes Erlebniskunstwerk zum Durchwandern soll es werden, sondern der Grundstein für den Neubau des Schlosses und ein echtes, ein ganz handfestes Stück Staatsinventar auf hohem Sockel. Einen entsprechenden Unterbau (derzeit leer stehend) haben die Denkmalwilligen bereits ausfindig gemacht – es ist der Sockel auf dem einst Kaiser Wilhelm I. prunkte, hoch zu Ross.

Unter der Losung „Wir sind das Volk! Wir sind ein Volk!“ will man sich dieses Steinblocks der Geschichte nun bemächtigen, das Nationale sucht sich seine Fundamente in vordemokratischer Zeit. Dabei gibt es in Berlin einen Platz, der sich wie kein anderer dafür anböte, ganz ohne Traditionstümelei an die verändernde Kraft der Demokratie zu erinnern: das Bürgerforum am Reichstag. Eingebettet zwischen Kanzleramt und Ausschusssälen liegt diese Freifläche, geplant vom Architekten Axel Schultes. Er wollte hier einen öffentlichen Raum anbieten, einen Ort der Bürger inmitten der Verwaltungs- und Regierungszentralen. Als Urzelle des Demokratischen sollte es an die Foren der Antike erinnern und sie vielleicht sogar wieder beleben. Doch daraus wird wohl nichts. Es fehlt an Geld und an Verständnis für den republikanischen Idealismus des Bürgerforums, und so wird es wohl als gestaltlose Grünzone enden. Dass dieser Platz das eigentliche Denk- und Lebensmal der deutschen Einheit sein könnte, weil es die Demokratie nicht auf einen Sockel hebt, sondern sie dem offenen Streben und Treiben seiner Bürger überlässt, diese Idee scheint zu abstrakt zu sein. Lieber klammert man sich an Kaiser Wilhelm oder an die Konkretionen des Eisenmanschen Stelenfelds.

HANNO RAUTERBERG

DIE ZEIT 16. 3. 2000.

Aufgaben

1. Stellen Sie die Thesen des Textes kurz mit eigenen Worten zusammen.
2. Überprüfen Sie die Begründungen des Autors und beurteilen Sie den Argumentationsgang.
3. Nehmen Sie unter Berücksichtigung des Pro und Contra kritisch Stellung zur Auseinandersetzung um die Errichtung eines Nationaldenkmals zur deutschen Einheit in Berlin.

Erster Arbeitsschritt: Sichtung der Aufgabenstellung und kursorisches Lesen des Textes

In der ersten Aufgabe sollen Sie die Thesen des Textes mit eigenen Worten wiedergeben. Zitate wären hier also zu vermieden. Auch vor Paraphrasen müssen Sie sich hüten. Die Formulierung wird Zeit beanspruchen, obwohl nur wenige Thesen aufzulisten sind, da es immer schwierig ist, einen vorgegebenen Text soweit zu durchdringen, dass man die Gedanken in eigenen Worten zum Ausdruck bringen kann, ohne sie zu bewerten oder zu deuten.

Überprüfen und beurteilen heißt analysieren. Für die zweite Aufgabe wird es erforderlich sein, sich von Inhaltswiedergaben zu lösen und einen souveränen Umgang mit dem Text zu demonstrieren. Dies kann z.B. darin zum Ausdruck kommen, dass man die Reihenfolge der Thesen nach Wichtigkeit ordnet, fragwürdige Begründungen zusammenstellt usw.

Die eigene Stellungnahme muss argumentieren, nicht einfach behaupten. Fremde Positionen müssen berücksichtigt und angemessen beschrieben werden. Bei der dritte Aufgabe sollten Sie sich unbedingt zu einer klaren Stellungnahme entschließen, auch wenn Sie das Problem vorher noch nie bedacht haben. Zwar ist es legitim, den Streit um das Denkmal für unwichtig zu halten und beispielsweise auch zu formulieren, dass besonders Jugendliche diese Diskussion kaum berührt, doch sollte am Schluss Ihres Textes eine Position deutlich werden, die ein Pro oder Contra zum Ausdruck bringt.

Das Wortspiel in der Überschrift und die Frage als Untertitel, die sich nach Lektüre des Textes als rhetorische Frage erweist, fassen in gewisser Weise Thema und Aussageabsicht zusammen: Es geht um die Errichtung eines Nationaldenkmals „auf einem Sockel", was der Autor nach dem ersten Eindruck der Lektüre doch zumindest mit großer Skepsis betrachtet. Im Wesentlichen stört ihn die Rückwärtsgewandtheit der „Denkmalwilligen" (Zeile 30), was schon darin zum Ausdruck kommt, dass das Denkmal auf einem Sockel errichtet werden soll, auf dem früher Kaiser Wilhelm I. „prunkte" (Zeile 32) und zwar „hoch zu Ross" (Zeile 32).
Die Kritik ist schon an der Wortwahl eindeutig zu erkennen; die positiven Vorschläge des Autors sind beim kursorischen Lesen noch nicht genau zu erfassen. Immerhin ist klar, dass er eine sozusagen Stein gewordene Erinnerung an die deutsche Einheit nicht grundsätzlich verwirft (vgl. Zeile 47ff.), sondern lediglich die gegenwärtig favorisierten Formen ablehnt.

Zweiter Arbeitsschritt: Erschließung des Inhalts, der Form und der Intention des vorgegeben Textes

a) Inhalt

Die Thematik wird schon in der Überschrift umrissen. Es geht um die Errichtung eines Mahnmals zur deutschen Einheit in Berlin. Die Bestrebungen von Politikern verschiedener Parteien, dieses Ziel zu erreichen, werden skizziert.
Die Diskussion gewinnt an Brisanz durch den Streit um die Errichtung des Holocaust-Mahnmals, das demnächst ebenfalls im Berliner Regierungsviertel entstehen soll. Viele sehen im Denkmal zur deutschen Einheit eine Art Gegenentwurf, was zweifellos politisch problematisch ist. Besser wäre ein öffentlicher Platz, der zur Demokratie mahnt.

b) Form

Auf formaler Ebene setzt sich die Gegenüberstellung von These und Antithese auch bei der Gliederung in Absätzen fort. Dem ersten Abschnitt (Zeile 1 – 14), der das Holocaust-Denkmal behandelt, folgt im nächsten Absatz (Zeile 15 – 32) die von Bundestagsabgeordneten geforderte Errichtung eines Mahnmals zur deutschen Einheit, was der Autor als „ nationales Gegenmonument" (Zeile 15) versteht. Im nächsten Abschnitt (Zeile 33 – 62) zieht er eine Conclusio, in der er die Idee eines Nationaldenkmals zur deutschen Einheit in der zur Zeit diskutierten Form verwirft und einen eigenen Vorschlag macht. Es liegt also ein rhetorischer Dreischritt vor. Da hierbei auf Pro und Contra die Conclusio folgt, die der Diskussion im Idealfall eine höhere Qualität verleiht, muss jeweils genau beachtet werden, welche Frage nun eigentlich geklärt werden soll.
Anders als es die Unterüberschrift zunächst nahe legt, geht es nicht um die prinzipielle Frage nach dem Sinn von Denkmälern überhaupt. Sie werden keineswegs grundsätzlich abgelehnt. Bemerkenswert sind die Schlusssentenzen der Absätze, die jeweils nicht parataktisch oder als Ellipsen formuliert sind, wie dies in rein appellativen Texten oft der Fall ist, sondern hypotaktisch, also vorsichtig verschiedene Aspekte beleuchten (vgl. Zeile 10 – 14; 28 – 32 und 54 – 62).
Der Leser soll nachdenklich werden, nicht vorschnell für oder gegen ein Denkmal Stellung nehmen, sondern erkennen, dass es darauf ankommt, in welchem Geist ein Denkmal errichtet wird und in welchem Geist es vom Publikum aufgenommen wird. Im wahrsten Sinne des Wortes „Denk-mal" sollen Nachdenklichkeit, Erinnerung und Mahnung erzeugt werden. Dies setzt aber eine geistige Auseinandersetzung voraus und stellt sich nicht automatisch ein.
Ein öffentlicher Platz am Reichstag könne diese Denkanstöße bieten, was die Metapher „Urzelle des Demokratischen" (Zeile 47f.) und die wortspielerische Klimax „Denk- und Lebensmal" (Zeile 55) zum Ausdruck bringen. Demgegenüber verharrten die Befürworter eines traditionellen Mahnmals gedanklich in vordemokratischer Zeit; sie stünden auf antidemokratischen Fundamenten – hier wörtlich und metaphorisch – zu verstehen.

c) Textintention

Der Autor argumentiert sehr pointiert, aber nicht einseitig. Vieles wird abgewogen und zur ergebnisoffenen Diskussion gestellt. Nationaldenkmäler tragen zwar zumal in Deutschland eine historische Hypothek; die Großmannssucht des Wilhelminischen Zeitalters wird ebenso zur Sprache gebracht wie die Gefahr aus dem Holocaust-Mahnmal ein „Walhalla der Selbstfindung" (Zeile 9f.) zu machen und es schließlich als „Freizeit- und Historiendrama" (Zeile 13) in Szene zu setzen.
Dennoch lehnt der Autor derartige Denkmäler nicht völlig ab. Die Wiedererlangung der staatlichen Einheit nach 1989 wird bewusst als positives Ereignis der deutschen Geschichte herausgestellt, das grundsätzlich auch eine bleibende Erinnerung verdiente.

Erst am Schluss seiner Überlegungen tritt seine eigene Position zu Tage: Es wäre wichtig, eine geeignete Form des Mahnmals zu finden. Hier vermisst der Autor aber eine fundierte Diskussion und intelligente Lösungsvorschläge, so dass insgesamt seine Skepsis überwiegt. Der Gedanke eines öffentlichen Begegnungsraumes in der Tradition der Antike, den der Architekt Axel Schultes vertrete, werde aus Mangel an Geld und republikanischer Gesinnung „als gestaltlose Grünzone enden" (Zeile 53f.). Demokraten sollten sich aber in solchen Foren wiedererkennen und nicht wieder etwas „auf einen Sockel" (Zeile 57) stellen.

Dritter Arbeitsschritt: Erstellen eines Konzeptes zur Bearbeitung der Aufgaben

Formulieren Sie eine Arbeitshypothese, aus der Sie ein Gliederungsraster entwickeln. Der Prüfungstext lässt sich z. B. in vier Thesen fokussieren, die Sie nacheinander erläutern und analysieren können:

1. Das Holocaust-Mahnmal in Berlin wird auch ein deutsches „Nationaldenkmal" sein.
2. Es kann aber falsches Pathos hervorrufen oder leere Touristenattraktion werden.
3. Die geforderte Errichtung eines Mahnmals zur deutschen Einheit auf Fundamenten der Kaiserzeit kann zum Gegenmonument werden und knüpft an fragwürdige Traditionen an.
4. Ein Platz am Reichstag wäre eine geeignete Erinnerungsstätte für die Wiedererlangung der deutschen Einheit.

Die Einzelthesen werden jeweils am Schluss der Absätze deutlich.
Die Prüfung der Argumente (Aufgabe 2) orientiert sich an der Form- und Intentionsanalyse aus dem zweiten Arbeitsschritt und muss ergeben, dass Rauterberg Probleme der gegenwärtigen Berliner Diskussion um ein Nationaldenkmal kritisch beleuchtet und für eine Alternative (öffentlicher Platz) plädiert und dies politisch-historisch, aber auch psychologisch begründet.
Die eigene Stellungnahme sollte Rauterbergs Thesen und Gegenthesen aufgreifen, sich aber nicht in schlichter Affirmation oder radikaler Ablehnung erschöpfen. Formulieren Sie für sich eine eigene Generalthese – z. B.: In unserer Zeit sind Denkmäler jeder Art grundsätzlich in Frage zu stellen –, um die Sie Unterthesen und Argumente gruppieren. Beziehen Sie jeweils auch die Gegenposition aus der Textvorlage ein.

Vierter Arbeitsschritt: Formulierung einer Analyse der Textvorlage und einer eigenen Pro- und Contra-Stellungnahme

Ihre Stellungnahme folgt den Grundregeln der Erörterung. Es gilt also zuerst, ein Argumentationsschema zu erstellen. Da es sich um eine dialektische Erörterung handelt, gilt es aus Pro und Contra ein zwingendes Fazit zu schlussfolgern.

Zum Beispiel:

Aufgabe 3 (Entfaltung der Generalthese im Hauptteil)

Pro

Die Errichtung eines Holocaust-Denkmals in Berlin ist nach langwierigen Diskussionen endlich beschlossen worden. Nun erheben sich Stimmen aus allen politischen Lagern, die für ein Nationaldenkmal zur deutschen Einheit in Berlin plädieren. Pläne sehen vor, dies sogar auf einem jetzt leeren Sockel eines Denkmals aus der Kaiserzeit zu errichten.

Contra

Kritiker sorgen sich bei soviel Denkmalsbegeisterung um Inhalte und um den Nutzen für die demokratische Gemeinschaft und schlagen die Gestaltung eines ganzen Platzes als bessere Alternative vor.

Conclusio

Es muss aber vielleicht noch radikaler gefragt werden. Unsere Städte, aber auch Dörfer und markante Landschaftsplätze sind voller Denkmäler. Überall werden Kriege bejubelt, Tote beklagt, wird an Siege erinnert, zur Umkehr gemahnt usw. Gerade jungen Leuten ist meist nicht klar, welcher Kaiser, König, Fürst oder Präsident hier für welches Ereignis gefeiert werden soll. In der NS-Zeit hat man viele neue Denkmäler errichtet, politisch unpassende zerstört und regelrechte Weihestunden vor nationalen Mahnmalen abgehalten. Krieg und Völkermord wurden verherrlicht.

Nach der deutschen Wiedervereinigung wusste man in vielen Orten der neuen Bundesländer nicht mehr, wie man mit den Relikten aus der SED-Diktatur umgehen sollte. Leninbüsten verschwanden im Bauhof, russische Panzer holte man von Denkmalssockeln, Ernst Thälmann ließ man begrünen, Marx und Engels durften vorerst bleiben. Je nach politischer Ausrichtung der Gemeinden oder Länder wurde Altes erhalten oder umgestaltet oder oft heimlich weggeschafft.
An diesen Vorgängen zeigt sich doch, dass Denkmäler mehr als fragwürdige Zeugnisse politischer Gesinnungen sind. Freiheit und Demokratie lassen sich nicht abbilden. Nicht umsonst lieben Diktatoren Standbilder und nationale Mahnmale. Auch das Holocaust-Denkmal ist in Gefahr, zur Alibiveranstaltung

zu werden. Den einen wird es zur touristischen Attraktion, den anderen zur „Pflichtübung", die kein Nachdenken mehr erfordert. Den Opfern der NS-Zeit wird man in keinem Fall gerecht.
Ähnlich würde ein Denkmal zur deutschen Einheit wirken und auch der Vorschlag, einen öffentlichen Platz zur Erinnerungsstätte umzufunktionieren, zeigt doch nur die Ratlosigkeit des überzeugten Republikaners. Ein demokratischer Staat, der in sich gefestigt ist, braucht keine steinernen Manifeste, das Geld ließe sich sinnvoller für die Zwecke sozial Benachteiligter oder politisch Verfolgter in aller Welt ausgeben. Die Tatsache, dass Verfolgte bei uns Schutz suchen, ist ein besseres Denkmal für die Demokratie als eine Skulptur auf einem Denkmalssockel aus kaiserlichen Zeiten.

Fünfter Arbeitsschritt: Durchlesen und Korrektur der Arbeit

Beachten Sie peinlich genau die Rechtschreib- und Zeichensetzungsregeln. Schlagen Sie ruhig einmal mehr im Rechtschreibduden nach, der auch in knapper Form die derzeit gültigen Zeichensetzungsregeln enthält. Korrigieren Sie auch Ihren Ausdruck, wenn dies etwa bei zu umgangssprachlichen Wendungen nötig erscheint.
Gehen Sie Ihren Gesamttext noch einmal durch, um logische Brüche und fragwürdige Verknüpfungen zu erkennen. Häufig bleiben „Wenn"-Sätze ohne Fortsetzung, fehlt bei „einerseits" das „andererseits" usw.

3. Übungsklausur / Gesellschaftspolitik Erich Kästner, Die vier archimedischen Punkte

Erich Kästner: Die vier archimedischen Punkte
Kleine Neujahrs-Ansprache vor jungen Leuten

In den Wochen vor und nach der Jahreswende pflegt es Ansprachen zu schneien. Sie senken sich sanft, mild und wattig auf die rauhe Wirklichkeit, bis diese einer wärmstens empfohlenen, überzuckerten und ozonreichen Winterlandschaft gleicht. Doch mit dem Schnee, wie dicht er auch fällt, hat es seine eigene Bewandtnis – er schmilzt. Und die Wirklichkeit sieht nach der Schmelze, mitten im schönsten Matsch, noch schlimmer aus als vor dem großen Schneetreiben und Ansprachengestöber.

Was war, wird nicht besser, indem man's nachträglich lobt. Und das, was kommt, mit frommen Wünschen zu garnieren, ist Konditorei, nichts weiter. Es hat keinen Sinn, sich und einander die Taschen vollzulügen. Sie bleiben leer. Es hat keinen Zweck, die Bilanz zu frisieren. Wenn sie nicht stimmt, helfen keine Dauerwellen.

Rund heraus: das alte Jahr war keine ausgesprochene Postkartenschönheit, beileibe nicht. Und das neue? Wir wollen's abwarten. Wollen wir's abwarten? Nein. Wir wollen es nicht abwarten! Wir wollen nicht auf gut Glück und auf gut Wetter warten, nicht auf den Zufall und den Himmel harren, nicht auf die politische Konstellation und die historische Entwicklung hoffen, nicht auf die Weisheit der Regierungen, die Intelligenz der Parteivorstände und die Unfehlbarkeit aller übrigen Büros. Wenn Millionen Menschen nicht nur neben-, sondern miteinander leben wollen, kommt es aufs Verhalten der Millionen, kommt es auf jeden und jede an, nicht auf die Instanzen. Das klingt wie ein Gemeinplatz, und es ist einer. Wir müssen unser Teil Verantwortung für das, was geschieht, und für das, was unterbleibt, aus der öffentlichen Hand in die eigenen Hände zurücknehmen. Wohin es führt, wenn jeder glaubt, die Verantwortung trüge der sehr geehrte, wertgeschätzte Vordermann und Vorgesetzte, das haben wir erlebt. Soweit wir's erlebt haben.

Ich bin ein paar Jahre älter als ihr, und ihr werdet ein paar Jahr länger leben als ich. Das hat nicht viel auf sich. Aber glaubt mir trotzdem: wenn Unrecht geschieht, wenn Not herrscht, wenn Dummheit waltet, wenn Haß gesät wird, wenn Muckertum sich breit macht, wenn Hilfe verweigert wird, – stets ist jeder einzelne zur Abhilfe mitaufgerufen, nicht nur die jeweils „zuständige" Stelle.

Jeder ist mitverantwortlich für das, was geschieht, und für das, was unterbleibt. Und jeder von uns und euch – auch und gerade von euch – muß es spüren, wann die Mitverantwortung neben ihn tritt und schweigend wartet. Wartet, daß er handle, helfe, spreche, sich weigere oder empöre, je nachdem. Fühlt er es nicht, so muß er's fühlen lernen. Beim einzelnen liegt die große Entscheidung.

Aber wie kann man es lernen? Steht man nicht mit seinem Bündel Verantwortung wie in einem Wald bei Nacht? Ohne Licht und Weg, ohne Laterne, Uhr und Kompaß?

Ich sagte schon, ich sei ein paar Jahre älter als ihr, und wenn ich bisher auch noch nicht, noch immer nicht gelernt habe, welche Partei, welche Staatsform, welche Kirche, welche Philosophie, welches Wirtschaftssystem und welche Weltanschauung „richtig“ wären, so bin ich doch nie ohne Kompaß, Uhr und Taschenlampe in der Welt herumgestolpert. Und wenn ich mich auch nicht immer nach ihnen gerichtet habe, so war's gewiß nicht ihr, sondern mein Fehler.

Archimedes suchte, für die physikalische Welt, den einen festen Punkt, von dem aus er sich's zutraute, sie aus den Angeln zu heben. Die soziale, moralische und politische Welt, die Welt der Menschen nicht aus den Angeln, sondern in die rechten Angeln hineinzuheben, dafür gibt es in jedem von uns mehr als einen archimedischen Punkt. Vier dieser Punkte möchte ich aufzählen.

Punkt 1: Jeder Mensch höre auf sein Gewissen! Das ist möglich. Denn er besitzt eines. Diese Uhr kann man weder aus Versehen verlieren, noch mutwillig zertrampeln. Diese Uhr mag leiser oder lauter ticken, – sie geht stets richtig. Nur wir gehen manchmal verkehrt.

Punkt 2: Jeder Mensch suche sich Vorbilder! Das ist möglich. Denn es existieren welche. Und es ist unwichtig, ob es sich dabei um einen großen toten Dichter, um Mahatma Gandhi oder um Onkel Fritz aus Braunschweig handelt, wenn es nur ein Mensch ist, der im gegebenen Augenblick ohne Wimperzucken das gesagt und getan hätte, wovor wir zögern. Das Vorbild ist ein Kompaß, der sich nicht irrt und uns Weg und Ziel weist.

Punkt 3: Jeder Mensch gedenke immer seiner Kindheit! Das ist möglich. Denn er hat ein Gedächtnis. Die Kindheit ist das stille, reine Licht, das aus der eigenen Vergangenheit tröstlich in die Gegenwart und Zukunft hinüberleuchtet. Sich der Kindheit wahrhaft erinnern, das heißt: plötzlich und ohne langes Überlegen wieder wissen, was echt und falsch, was gut und böse ist. Die meisten vergessen ihre Kindheit wie einen Schirm und lassen sie irgendwo in der Vergangenheit stehen. Und doch können nicht vierzig, nicht fünfzig spätere Jahre des Lernens und Erfahrens den seelischen Feingehalt des ersten Jahrzehnts aufwiegen. Die Kindheit ist unser Leuchtturm.

Punkt 4: Jeder Mensch erwerbe sich Humor! Das ist nicht unmöglich! Denn immer und überall ist es einigen gelungen. Der Humor rückt den Augenblick an die richtige Stelle. Er lehrt uns die wahre Größenordnung und die gültige Perspektive. Er macht die Erde zu einem kleinen Stern, die Weltgeschichte zu einem Atemzug und uns selber bescheiden. Das ist viel. Bevor man das Erb- und Erzübel, die Eitelkeit, nicht totgelacht hat, kann man nicht beginnen, das zu werden, was man ist: ein Mensch.

In: Erich Kästner, Die kleine Freiheit, Zürich 1952.

Aufgaben

1. Fassen Sie den Gedankengang des Autors kurz mit eigenen Worten zusammen.
2. Untersuchen Sie die rhetorischen Mittel, mit denen der imaginäre Redner seine Aussage verdeutlicht.
3. Verfassen Sie eine zeitgemäße Abiturrede, in der Sie Ihre persönlichen Ansichten zu den von Kästner genannten Themenfeldern darlegen.

Erster Arbeitsschritt: Sichtung der Aufgabenstellung und kursorisches Lesen des Textes

Kästners Vorlage greift auf ein bekanntes Muster, die „öffentliche Ansprache", zurück. Kernpunkt der formalen Analyse wird es sein, dieses Grundmuster herauszuarbeiten und zu verdeutlichen, wie Kästner diese Form verändert und seiner ganz spezifischen Intention anpasst. Die Ironie als Stilmittel sowie die Appellfunktion des Textes sind schon beim ersten Zugriff deutlich zu erkennen.
Die eigene Erörterung soll sich auf diese Grundmuster in formaler Hinsicht beziehen, inhaltlich muss man aber neue Wege gehen, um Doppelungen zu vermeiden. Auch ist zu berücksichtigen, dass Kästners „Ansprache" schon mehrere Jahrzehnte zurückliegt. Nicht alles, was heute eher ungewöhnlich erscheint, muss vom Autor so gewollt sein. Gelegentlich wirken Wendungen nur aufgrund der Sprachentwicklung heute komisch, während sie vor dreißig oder vierzig Jahren ganz neutral verstanden wurden. Beispielhaft ist das an Wendungen wie „Muckertum" (Zeile 33) oder „Laterne" (Zeile 44) zu beobachten.

Neujahrsansprachen kennt man vor allem von Politikern, die die Gelegenheit nutzen, einen Rückblick auf das vergangene Jahr zu geben und sich bemühen, Zukunftsperspektiven der gesellschaftlichen Entwicklung anzusprechen.
In aller Regel werden sie in einem besonders staatsmännisch wirkenden Ambiente – oft ist eine Nationalfahne im Hintergrund zu erkennen – und in feierlichem Ton vorgetragen. Diese Situation bildet die Folie für Kästners Beitrag, der aber nur auf den ersten Blick derartigen Ansprachen ähnelt. Bereits zu Beginn des Textes zeigt sich der Satiriker Kästner, der traditionelle Formen bricht, um formal und inhaltlich neue Wege zu beschreiten. Sein Appell ist deshalb mit einem Augenzwinkern zu lesen. Niemals würde er sich in einem Saal oder einem Stadion vor hunderten oder tausenden von Jugendlichen stellen und eine donnernde Rede halten.

Zweiter Arbeitsschritt: Erschließung des Inhalts, der Form und der Intention des vorgegebenen Textes

a) Inhalt

Ihre knappe Zusammenfassung muss vollständig sein, kann sich aber auf Beispiele und Erläuterungen, die der Autor seinen Hauptaussagen beifügt, beschränken.

Sinnabschnitte sind deutlich erkennbar:

Zeile 1 – 8	Jahreswechsel ist Zeit für Ansprachen; wie die Landschaft vom Schnee wird die Wirklichkeit dabei verdeckt.
Zeile 9 – 13	Die Vergangenheit lässt sich nicht schönreden.
Zeile 14 – 29	Jeder muss sich für das Ganze verantwortlich fühlen; Politik ist nichts für wenige Auserwählte.
Zeile 30 – 41	Nur auf den Einzelnen und sein Denken und Handeln kommt es an.
Zeile 42 – 57	Man braucht Orientierung, einen „Kompaß" im Leben, nach dem man sich richten kann.

Orientieren kann man sich:

Zeile 58 – 61	1. an seinem eigenen Gewissen,
Zeile 62 – 68	2. an Vorbildern,
Zeile 69 – 78	3. an seiner Kindheit,
Zeile 79 – 86	4. an Humor, der die Größenordnungen zurechtrückt, dann schafft man es, ein Mensch zu werden.

Ein Kernsatz findet sich in Zeile 24ff: „Wir müssen unser Teil Verantwortung für das, was geschieht, und für das, was unterbleibt, aus der öffentlichen Hand in die eigene Hände zurücknehmen."

b) Form

Nur auf den ersten Blick wird in feierlichem Ton eine „öffentliche Ansprache" gehalten. Übertreibungen und ungewöhnliche Wortverbindungen verweisen auf eine ironische Brechung der Gattung. Gerade das Pathos solcher Reden soll entlarvt werden, da bei derartigen Anlässen nicht selten nur hohle Phrasen zum Besten gegeben werden, wie die Metapher „Ansprachengestöber" (Zeile 8) verdeutlicht.
Im ersten Absatz wird durch Naturvergleiche und Metaphern („überzuckerten ... Winterlandschaft", Zeile 3f.) oder das Oxymoron vom „schönsten Matsch"

(Zeile 6f.) erläutert, dass schöne Reden oft die rauhe Wirklichkeit verdecken wollen, dies aber doch an den Tag kommt.
Es sei aber heute Wahrhaftigkeit gefragt. Ein Vergleich aus der Physik (archimedischer Punkt, mit dem man sprichwörtlich die Welt aus den Angeln hebt) leitet zu den positiven Eigenthesen über. Feste Grundsätze werden mit den Metaphern „Kompaß, Uhr und Taschenlampe" (Zeile 49) belegt, mit denen man durch das Leben „stolpert". Sie geben uns Halt und Licht, man folgt ihnen aber (leider) auch nicht immer. Um Mensch zu werden , muss man sich vor allem über die eigene und die Eitelkeit anderer hinwegsetzen, die mit Archaismen als „Erb- und Erzübel" (Zeile 84: Anspielung auf Erbsünde) charakterisiert wird. Auf den Einzelnen komme es an, nicht auf Staat oder Gesellschaft, also im Wortspiel auf die so genannten öffentlichen Hände.
Die Thesen werden unter den Punkten 1 – 4 jeweils zu Beginn der Absätze durch Ausrufezeichen hervorgehoben.

c) Textintention
Äußere Form und einzelne Stilelemente unterstreichen die Aussageabsicht. Nicht als passive Zuhörer und später dann als passive Untertanen will Kästner die Jugendlichen sehen, sondern als kritische junge Menschen, die eigenständig denken und sich nicht verführen lassen. Deshalb appelliert er an die Kritikfähigkeit (Zeile 1 – 29) und fordert eigene Entscheidungen, die sich an festen moralischen Maßstäben orientieren. Diese soll man sich aber nicht von fragwürdigen Autoritäten vorschreiben lassen, sondern selbstständig erarbeiten. Anlass der Ausführungen Kästners sind sicher die NS-Zeit und der Krieg, auf die indirekt in den Zeilen 27 – 29 angespielt wird. Die vier Punkte kann jeder fortsetzen, der die Zeit kennt. Blinde Gefolgschaft hat Krieg und Völkermord erst ermöglicht.

Dritter Arbeitsschritt: Erstellen eines Konzeptes zur Bearbeitung der Aufgaben

Die Aufgaben 1 und 2 zu Kästners Ansprache können im Dreischritt: Inhalt, Form und Aussageabsicht bearbeitet werden. Bei den rhetorischen Mitteln sollten Sie vor allem herausstellen, dass Kästner am Schluss seiner Rede in einer Klimax Humor und Menschsein auf eine Stufe stellt und dies in seiner fiktiven Ansprache auch selbst beispielhaft erfüllt, indem er schon in den ersten Zeilen Ironie, Humor und selbst Sarkasmus zum Ausdruck bringt.
Zur Gestaltung einer eigenen Ansprache (Aufgabe 3) kann man auf die Begrifflichkeit der antiken Rhetorik zurückgreifen. Rhetorik bedeutet im Griechischen Redekunst. Auch schon in der lateinischen Literatur gibt es hierzu unterschiedliche Vorstellungen. Ziel einer Rede ist jedoch immer die nachhaltige Meinungsbeeinflussung. Im Allgemeinen unterscheidet man fünf Schritte bei der Gestaltung einer Rede:

Stoffsammlung/Suche nach Beweisgründen Gliederung des Materials formale Gestaltung	inventio dispositio elocutio
Beim mündlichen Vortrag auch: Auswendiglernen kunstvoller Vortrag	 memoria pronuntiatio

Für Ihre Stoffsammlung bietet Ihnen die Ansprache einen breiten Fundus. In der dispositio können Sie auf Kästner als Autorität zurückgreifen. Bei der weiteren formalen Gestaltung nehmen Sie ebenfalls Kästner als Muster und folgen seinen Thesen im Grundsatz, füllen sie aber mit persönlichen und aktuellen Bezügen. Beispiele aus Geschichte und Literatur können als Autoritätsargumente ergänzt werden.
Auch Kritik an Kästner, z. B. seine übertriebene Betonung von Vorbildern, ist hier möglich.
In Ihrer Rede sollten Sie versuchen, Kästners Thesen in die Gegenwart zu übersetzen. Wählen Sie deshalb ein Thema, z. B. das Internet, das heute in aller Munde ist, und suchen Sie nach Parallelen mit der von Kästner aufgeworfenen Grundsatzproblematik menschlichen Handelns.

Vierter Arbeitsschritt: Formulierung einer Analyse der Textvorlage und einer eigenen Ansprache

Ihre Stellungnahme ist selbstverständlich individuell geprägt und kann hier nicht vorweggenommen werden. Lediglich im Hinblick auf den Rückbezug zum Kästner-Text müssten sich Parallelen zeigen.

Ihre Ausarbeitung könnte beispielsweise so aussehen:

A. Einleitung

Am Beginn eines neuen Jahrtausends stellen sich jungen Leuten Fragen, die frühere Generationen noch nicht kannten. Noch im letzten Jahrhundert konnte man darauf vertrauen, dass ein einmal erworbenes Wissen Jahre und Jahrzehnte Gültigkeit besaß und oft für ein ganzes Berufsleben ausreichte. Gegenwärtig müssen wir erkennen, dass unser Leben ein ständiges Lernen sein wird, dass das, was wir heute zu wissen glauben, sich schon morgen als falsch erweisen kann. Ja, die Schaffung eines völlig neuen Menschen ist durch die Gentechnologie in greifbare Nähe gerückt.

B. Hauptteil

Wenn schon das Wissen rasch veraltet, wie sieht es dann mit den Werten und Traditionen aus, die man uns in 13 Schuljahren – bei einigen von uns auch in 14 oder 15 – versucht hat zu vermitteln? Unterliegen Sie nicht auch einem raschen Wandlungsprozess?

Vor etwa fünfzig Jahren hat der Schriftsteller Erich Kästner eine fiktive Rede an die Jugend seiner Zeit gehalten, die sich bei genauem Hinsehen erstaunlicherweise als recht aktuell erweist. Kästner spricht in seinem fast ein halbes Jahrhundert zurückliegenden Text davon, dass blinde Gefolgschaft in die Katastrophe führe, dass man die Poltitik nie anderen überlassen dürfe und sich Autoritäten wie Staat und Kirche als äußerst fehlbar erwiesen hätten. Jeder Einzelne müsse deshalb für sich Leitlinien entwickeln, an die er – wie Archimedes – sein eigenes Leben im doppelten Wortsinn festmacht.

Kästner fordert, sich am eigenen Gewissen, an Vorbildern, an den Anschauungen aus der eigenen Kindheit und schließlich als Zentralpunkt am Humor zu orientieren. Nur wenn wir über uns und über Autoritäten lachen können, verstehen wir die Welt richtig. Humor ist auch eine Waffe gegen Fanatiker und selbsternannte Heilspropheten. Vorbilder sind für uns heute sicher nur noch in Einzelfällen Personen oder Gruppen; vielmehr orientieren wir uns an Gesinnungen, die einzelne Menschen in der Vergangenheit gezeigt haben und heute noch zeigen. Respekt vor den Überzeugungen des anderen ist dabei die Grundlage jeden Dialogs.

Toleranz und Respekt vor dem anderen setzen aber Information und Kritik voraus. Wenn es stimmt, dass die Welt immer mehr zum Dorf wird, dann bedeutet dies ja nicht, dass es keine Konflikte mehr geben wird, sondern nur, dass man sich eben besser kennt. Auch im Dorf ist es aber wichtig, hinter die Fassade zu blicken.

Kritikfähigkeit und wohl auch Humor sind nicht zuletzt im Umgang mit dem Internet gefragt, denn man darf nicht vergessen, dass zwischen der virtuellen Welt im Netz und der realen Welt oft ein im wahrsten Wortsinn himmelweiter Unterschied besteht. Es ist etwas anderes, im Chatroom über Hunger und Elend in Afrika zu diskutieren und vor Ort mit diesen Problemen konfrontiert zu sein. Auf der Flirtline werden wir alle zu potentiellen Traumpartnern, irgendwann ist aber jeder Traum einmal zu Ende. Man muss auf die Erde zurückkommen und sich auf ein hoffentlich nicht allzu böses Erwachen in der Realität einstellen.

Das Medium adelt die Informationen nur scheinbar, eine aus dem Internet mehr oder weniger abgeschriebene Facharbeit kann genauso fehlerhaft sein, wie der auf der Toilette versteckte Spickzettel. Hinter den Maschinen sitzen Menschen mit all ihren Fehlern, Eitelkeiten und Profitwünschen. Doch soll dies keine Medien-Schelte werden. Das Internet ist das Medium der Zukunft und wird unser aller Leben prägen. Es ist hier nicht zu warnen oder mit erhobenem Zeigefinger zu dozieren, sondern nüchtern zu analysieren.

Jede neue Entwicklung ruft Skepsis und Ängste hervor, die sich nicht selten als unbegründet erweisen. Die Anonymisierung der Gesellschaft, in der Menschen nicht mehr real, sondern nur noch über elektronische Medien kommunizieren, ist ein solches Schreckbild. Blickt man aber nur auf die letzten fünfzig Jahre zurück, so wird man einräumen müssen, dass weder der Rundfunk, noch das Fernsehen oder der Computer die Menschen wirklich haben verändern können. Da diese technischen Medien uns helfen, fremdbestimmte Arbeitszeit zu verkürzen, ermöglichen sie uns sogar intensivere menschliche Begegnungen, weil die Menschen – jedenfalls in den entwickelten Industrieländern – über immer mehr Freizeit verfügen und auch wirtschaftlich in der Lage sind, praktisch die ganze Welt zu bereisen, Kulturveranstaltungen zu besuchen, an großen Sportveranstaltungen teilzunehmen usw.
Die Technikfeindschaft hat sich im 19. Jahrhundert, als die schlesischen Weber die mechanischen Webstühle, wie Gerhart Hauptmann in seinem Drama „Die Weber" eindrucksvoll schildert, zerstörten, als Irrweg erwiesen und dies gilt auch für das 21. Jahrhundert. Nicht das Internet an sich ist das Problem, sondern die Rahmenbedingungen, unter denen es von Anbietern und Teilnehmern genutzt wird.
Es gilt, kritisch die Texte, Bilder und Filmchen zu betrachten, die uns massenhaft angeboten werden, wobei nicht das, was alle tun, sondern nur das, was mir vernünftig erscheint, ein letztgültiges Auswahlkriterium sein darf.

Die von Kästner geforderte Orientierung an Werten veraltet nie, auch wenn sich die Werte selbst wandeln.

Fünfter Arbeitsschritt: Durchlesen und Korrektur der Arbeit

Achten Sie auf die innere Logik Ihrer Argumentation. Gerade bei kreativen Aufgaben ist dies wichtig. Nicht alle Einfälle sind wirklich geeignet, oft fehlt auch nur eine geschicktere Formulierung! Verbessern Sie Fehler und überprüfen Sie noch einmal die äußere Form Ihrer Arbeit (Absatzgliederung, Lesbarkeit der Verbesserungen etc.).
Streichen Sie unnötige Fremdwörter und Wendungen, die Ihnen nicht ganz klar erscheinen.

4. Übungsklausur/Sprache
Bernhard Sowinski, Deutsche Stilistik
Günter Quandt, Technik-Sprache. Bitte Deutsch!

Bernhard Sowinski: Deutsche Stilistik

Als Richtmaß für den Stil stärker abstrahierender Darstellungen haben sachliche Angemessenheit und sprachliche Verständlichkeit zu gelten. Die veränderte Blickweise der wissenschaftlichen Darlegung verlangt größtmögliche Exaktheit im einzelnen, aber auch zusammenfassende Abstraktion im Ganzen. Kollektivbegriffe und Abstrakta sind dabei unvermeidlich. Die Bemühungen um einen gegenstandsadäquaten sprachlichen Ausdruck führen mitunter zur Verwendung bestimmter „Metasprachen" (neben den Formelsprachen) in Physik und Linguistik, um auf diese Weise das Eindringen traditioneller nichtwissenschaftlicher Wortbedeutungen der „Umgangssprache" auszuschließen. Nicht selten spielt dabei auch die (gelegentlich übertriebene) Angleichung an die Ausdrucksweise, z. T. sogar an den Wortschatz, der internationalen Fachwelt (besonders in den angelsächsischen Ländern) eine Rolle.
Damit kommt die größere oder geringere Rücksichtnahme der Autoren wissenschaftlicher oder anderer theoretischer Texte auf ihr Publikum ins Spiel. Insbesondere bei wissenschaftlichen Arbeiten zeigt es sich, daß sie meistens nur für einen verhältnismäßig engen Kreis der Fachkollegen verfaßt sind, zu denen, urteilt man nach dem Stil mancher Fachbücher, oft nicht einmal die Studenten des Faches gezählt werden. Nur ein kleinerer Teil der Fachliteratur scheint für einen weiteren Kreis der an diesen Themen interessierten Leser geschrieben zu sein. Eine derartige Differenzierung in der Darstellung und der Zwang zu stärkerer Konzentration und Abstraktion erweisen sich beim heutigen Stand der meisten Wissenschaften oft als notwendig. Keine Wissenschaft oder Technik kann heute auf eine bestimmte Fachterminologie verzichten, die eine eindeutigere Kennzeichnung der Gegenstände und methodischen Verfahren und eine stärkere Generalisierung der wissenschaftlichen Erkenntnisse ermöglicht. Die Analyse und Beschreibung der sprachstilistischen Auswirkungen dieser Phänomene gehört in den Aufgabenbereich einer funktionalen Stilistik.
Die Verwendung von *Fachbegriffen* kann allerdings auch zum rhetorischen Schmuck bestimmter Auffassungen werden, die ohne Fremdworthäufungen leichter verständlich und daher von größerer Wirkung wären. Besonders fortgeschrittene Studenten und jüngere Wissenschaftler neigen zu übertriebener gedanklich-begrifflicher Abstraktion und übersehen leicht, daß gedankliche Exaktheit und sprachliche Verständlichkeit durchaus vereinbar sind, ja oft einander bedingen.

Auszug aus: Bernhard Sowinski, Deutsche Stilistik, Frankfurt/M. 1975, S. 56 f.

Technik-Sprache

Bitte Deutsch!

Von GÜNTER QUANDT

Das Autoradio hat ein Full Logic Single CD-Laufwerk, einen RDS Tuner und einen ADPCM-Sprachgenerator.

Die Hifi-Box ist mit Frequenzweiche und Autotransformer bestückt.

Der Fotoapparat zeichnet sich durch sein APS-System aus.

Und der neue Computer besticht natürlich durch Speed Step Technologie, DVD Network Dock samt 3Com LAN Chip.

Alles klar? Mir nicht: Ich wüsste gar nicht, was ich da kaufe. Liebe Elektronik-Industrie: Wenn Sie schon nicht auf diese Fachausdrücke verzichten können, dann liefern Sie uns doch wenigstens eine deutsche Übersetzung dazu. Oder schreiben Sie doch gleich verständlich auf, was Ihre wunderbaren Produkte können.

Bild-Zeitung 21. 3. 2000.

Aufgaben

1. Beschreiben Sie die Bewertung des Fachwortschatzes in beiden Textvorlagen.
2. Setzen Sie sich in einer Pro- und Contra-Argumentation mit dem in den Prüfungstexten aufgeworfenen Problemstellungen auseinander.

Erster Arbeitsschritt: Sichtung der Aufgabenstellung und kursorisches Lesen des Textes

Beide Texte wirken schon äußerlich sehr unterschiedlich. Eine argumentierende Abhandlung mit langen, oft komplizierten Satzgefügen, in denen selbst viele Fremdwörter verwendet werden, wird mit einem kurzen Kommentar, der schon in der Überschrift vor Polemik nicht zurückschreckt, kombiniert. Es wird also zunächst die unterschiedliche Textanlage zu beachten sein, bevor inhaltlich diskutiert wird.

Die Texte haben offenbar einen anderen „Sitz im Leben“, können also nicht ohne weiteres verglichen werden, auch wenn sie eine ähnliche Thematik – den Fremdwortgebrauch im Deutschen (zentraler Inhaltsaspekt!) – behandeln.

Zweiter Arbeitsschritt: Erschließung des Inhalts, der Form und der Intention des vorgegebenen Textes

Eine Grobgliederung in größere Sinnabschnitte ist nur beim ersten Text möglich: In den Zeilen 1 – 14 wird der zu behandelnde Gegenstand erläutert und definiert, in den Zeilen 15 – 32 diskutiert der Autor das Problem im Blick auf weitere Texte und in den Zeilen 33 – 40 schließlich wägt er die Möglichkeiten ab und nimmt indirekt Stellung (Kritik an einigen jüngeren Wissenschaftlern).
Der Vergleich der beiden Texte macht sofort deutlich, dass hier zwar ähnliche Themen, aber ganz unterschiedliche Textsorten vorliegen. Mit Text 1 haben wir eine wissenschaftliche Abhandlung vor uns, in der sachlich und nüchtern ein Gegenstand beleuchtet wird (Schwerpunkt: Information über sprachliche Angemessenheit eines bestimmten Wortschatzes). Im zweiten Text hingegen ist der Kommentar einer populären Boulevardzeitung nachgedruckt (Schwerpunkt: Appell; Meidung von Abkürzungen und Fremdwörter).

Zur Verdeutlichung der Intentionen der Verfasser stellen Sie sich folgende Fragen:
- Welche Leser werden angesprochen?
- Gibt es einen aktuellen Anlass für die Beiträge?
- Zeigt der Autor emotionale Betroffenheit?
- Handelt es sich um einen Textauszug oder um einen vollständigen Text?
- Wo sind die jeweiligen Texte veröffentlicht?
- Welche Informationen erhalte ich?
- Wann genau ist der Text geschrieben?
- Wirkt der Text spannend oder neutral-sachlich?
- Wird Humor eingesetzt?
- Welche Informationen erhalte ich über den Autor?
- Kann ich den Texten bestimmte Handlungsaufforderungen entnehmen?

Dritter Arbeitsschritt: Erstellen eines Konzeptes zur Bearbeitung der Aufgaben

Der Vergleich zweier Texte erfordert eine Festlegung und Erläuterung der Vergleichspunkte. Beides muss im Blick auf die Aufgabenstellung erfolgen; sie gibt die Untersuchungsaspekte vor.

Nicht der Unterschied wissenschaftliche Abhandlung versus Zeitungskommentar soll herausgearbeitet werden; vielmehr geht es um die jeweilige Einstellung zum Fremdwortgebrauch. Dies muss ausführlich im Hauptteil der Textanalyse behandelt werden. Die unterschiedlichen Textsorten kann man am geschicktesten in der Einleitung kurz erwähnen.
Zur Klärung der Thematik sollte man sich verdeutlichen, dass Fremdwörter zur lexikalischen Sprachebene gehören, die sehr offen ist für Veränderungen. Nach dem Trichtermodell lassen sich vier Sprachebenen unterscheiden:

SYNTAX (Satzbildung)

LEXIK (Wortschatz)

MORPHOLOGIE
(Bedeutungstragende
Lautketten)

PHONOLOGIE (Laute)

Der Trichter zeigt an, dass die Variationsbreite einer Sprache sehr unterschiedlich ist. Laute sind z. B. auf zwanzig oder dreißig beschränkt – denken Sie etwa an das Lautschriftalphabet. Die syntaktische Sprachebene dagegen lässt nahezu unendlich viele Verknüpfungen der Worte zu Sätzen oder satzwertigen Gebilden zu. Für unser Thema bedeutet dies, dass eine Sprache allein durch – auf den gesamten Wortschatz des Deutschen bezogen – marginale Veränderungen der Lexik kaum in ihrer Eigenheit bedroht ist. Das Deutsche wird nicht zum Englischen, indem man einige Worte der Computertechnologie übernimmt.
Im Übrigen hat die Sprachsoziologie festgestellt, dass der Wortschatz von der sozialen Stellung ebenso abhängt wie von der geographischen und familiären Herkunft der Sprecher.
Schließlich wird vor allem von Text 2 übersehen, dass Sprache einem ständigen Wandel unterliegt und auch Moden unterworfen ist, wie z. B. sprachpolitische Beeinflussungsversuche zur Zeit der DDR illustrieren. Im Übrigen darf man Fachsprachen nicht ohne weiteres mit der allgemeinen Sprache vergleichen. So ist der große Einfluss einer Fremdsprache in einem bestimmten Bereich, z. B. des Italienischen in der Musik, kein Hinweis auf eine grundsätzliche Annäherung des Deutschen an das Italienische. Selbstverständlich ist eine Fachsprache für Laien oft unverständlich, weil sich Fachleute untereinander schnell auch mit Abkürzungen verständigen können.

Vierter Arbeitsschritt: Formulierung einer Analyse der Textvorlage und einer eigenen Stellungnahme

Aufgabe 1

A. Einleitung

Beide Texte behandeln das gleiche Thema, unterscheiden sich aber fundamental im Hinblick auf die Form und die Textintention. Während Bernhard Sowinski in dem zu bearbeitenden Abschnitt seines 1975 erschienenen Buches „Deutsche Stilistik" abwägend darstellt, polemisiert Günter Quandt in seinem Kommentar aus der Bild-Zeitung vom 21. 3. 2000 in wenigen knappen Thesen, die jeweils einen eigenen Absatz einnehmen, gegen die heutige Technik-Sprache.

B. Hauptteil

Die augenfälligen Unterschiede beider Texte erklären sich nur zum Teil aus der Verschiedenheit der Textsorten – wissenschaftliche Erläuterung versus Zeitungskommentar – und der Publikationsweisen – Buch versus Boulevardzeitung –, sondern resultieren aus der gegensätzlichen Grundanschauungen beider Verfasser.
Die Tatsache, dass zwischen dem Erscheinungsdatum beider Beiträge 25 Jahre liegen, darf nicht übersehen werden, da Sprache sich rasant verändert. Die, wie im Folgenden zu zeigen sein wird, gegensätzlichen Aussagen aber ergeben sich im Kern aus einer jeweils ganz anderen Textintention.
In Sowinskis Abhandlung wird zunächst sachlich-neutral definiert. Ziel jeder sprachlichen und erst recht jeder schriftsprachlichen Äußerung sei es, stets „einen gegenstandsadäquaten sprachlichen Ausdruck" (Zeile 6f.) zu finden, um – vor allem bei der Wissenschaftsprosa – „größtmögliche Exaktheit" (Zeile 4) zu erreichen.
In diesem Zusammenhang sei der Fachwortgebrauch nicht nur zulässig, sondern gerade zu geboten, obwohl hier und da eine zu übertriebene Angleichung an angelsächsische Vorbilder bemängelt wird. Sowinski sieht also auch das von Quandt regelrecht gegeißelte „Fachchinesisch", misst ihm aber einen anderen Stellenwert zu.
Bernhard Sowinski kritisiert den Fremwortgebrauch nicht pauschal, sondern listet verschiedenen Textsorten auf, die den Gebrauch einer Fachterminologie mehr oder weniger rechtfertigen. Da sind zum einen die im engeren Sinn wissenschaftlichen Texte (vgl. Zeile 17ff.), die bei aller Kritik an Auswüchsen im Kern die Fachbegriffe sinnvoll einsetzen, weil sich „beim heutigen Stand der meisten Wissenschaften" (Zeile 25) eine „Differenzierung in der Darstellung" (Zeile 23f.) und eine stärkere „Konzentration und Abstraktion" (Zeile 24) als unumgänglich erweisen. Daneben werden summarisch weitere

theoretische Texte erwähnt, die einen schwierigen Sachverhalt behandeln und einen entsprechenden Wortschatz verlangen.
Seine Argumentation zielt also in erster Linie auf die Textsorten, die Inhalte und das Publikum ab. Die Autoren von wissenschaftlichen Texten werden schließlich in den Blick genommen, wenn Sowinski am Schluss seiner Argumentationskette vor dem Einsatz der Fachterminologie als bloßem rhetorischen Schmuck warnt und die „sprachliche Verständlichkeit" (Zeile 39) als Gradmesser für die gedankliche Exaktheit hervorhebt. Speziell jüngere Wissenschaftler sollten sich vor „übertriebener gedanklich-begrifflicher Abstraktion" (Zeile 37f.) hüten, also anschaulich schreiben, Beispiele nennen u.a.m.
Der erste Text ist ein Auszug aus einem Buch, was darauf schließen lässt, dass hier Leser angesprochen werden, die sich mit der Thematik enger befasst haben oder als Studierende befassen müssen.

Ganz anders stellt sich das bei Quandt dar. Er muss deshalb schon in der Überschrift für Aufmerksamkeit des Lesers sorgen, da sein Beitrag mit anderen Artikeln konkurriert und seine Leserschaft sicher nicht primär an sprachkritischen Abhandlungen interessiert ist. So schreibt er knapp, ohne Einleitung und langwierigen Argumentationsgang. Ihm müssen Thesen und Beispiele genügen, um seinen Appell an den Leser zu bringen.
Er übersieht aber, dass die Lexik einer Fachsprache, wie hier die Sprache der Computertechnik, kein Maßstab für eine allgemeine sprachliche Entwicklung sein kann, da Fachsprachen nach eigenen Kriterien beurteilt werden müssen; hier dienen z. B. Abkürzungen der raschen Verständigung von Eingeweihten.

C. Schluss

Sowinski argumentiert und wägt ab, Quandt verallgemeinert und behauptet. Er liefert zwar Beispiele für seine Thesen, die im Grunde auf nur eine These zurückzuführen sind, nennt aber keine Argumente im engeren Sinn. Lediglich ein allgemeines Plausibilitätsargument (Fremdwörter und Abkürzungen sind unverständlich) lässt sich finden.
Im Artikel gibt es keine Überlegungen, die die eigene Position in Zweifel ziehen. Das Problem wird also nicht wirklich erörtert. Die Lösung ist nicht logisch zu erschließen, der Leser kann dem Appell nur zustimmen oder ihn verwerfen.

Aufgabe 2

A. Einleitung

Schon seit man Sprachen näher betrachtet, finden sich Kritiker, die von sprachlicher Überfremdung, Sprachverfall oder vom drohenden Aussterben der eigenen Sprache reden und schreiben. Dennoch erweisen sich Sprachen als ebenso wandlungs- wie lebensfähig und noch nie hat man davon gehört, dass eine Sprachgemeinschaft sozusagen durch Beschluss die angestammte Sprache aufgibt und sich eine neue wählt. Bei allen Veränderungen und Übernahmen hält man doch am Kern des eigenen Sprachbestandes fest. Eine gewissermaßen schleichende Überfremdung der deutschen Sprache, etwa durch englische Ausdrücke in der Computer- bzw. Internet-Terminologie, wird zwar immer wieder behauptet, bleibt aber unbewiesen. Es soll im Folgenden näher erläutert werden, welche Funktion Fremdwörter heute in unserer Sprache haben und wie der Fremdwortgebrauch zu bewerten ist.

B. Hauptteil

Sprachen sind komplexe Gebilde, die eine häufig sehr komplizierte Struktur aufweisen. Der Wortschatz, also die lexikalische Sprachebene, zeigt dabei eine große Offenheit, während etwa die phonetische oder die morphologische Sprachebene sehr stabil bleiben. Der Wortschatz allein macht eine Sprache nicht aus, wie jeder feststellen kann, der versucht eine Fremdsprache nur mit Hilfe eines Wörterbuches zu erlernen.
Selbst die von einer Obrigkeit verfügte Verwendung bestimmter Wörter und Wendungen verändert die Sprachpraxis kaum.
Auch die DDR hat es trotz intensiver staatlicher Bemühungen nicht geschafft, sich sprachlich von der Entwicklung im Westen Deutschlands nachhaltig abzukoppeln. Nach der Wiedervereinigung gab es zwar hier und da Irritationen bei der Verständigung im Bereich der Lexik, man denke an die fast legendären „Broiler" (ein größeres Hähnchen), doch haben diese Worte schnell Eingang in einen „gesamtdeutschen" Wortschatz gefunden oder sind als Modeworte (z. B. „sozialistische Persönlichkeit") schnell wieder verschwunden.
Die Sprachsoziologie hat festgestellt, dass es innerhalb der Standardsprache ganz verschiedene Sprachen gibt, die sich nach soziologischen Kriterien (Unterschicht, Oberschicht; Stadtbevölkerung – Landbevölkerung, Männer – Frauen, Jungendliche – Alte, Lehrlinge – Schüler usw.) bestimmten Gruppen zuordnen lassen. Darüber hinaus verfügt jeder einzelne Sprecher über ein Spracheninventar, das er je nach Situation einsetzt: Man spricht in der Familie anders als in der Schule, im Freundeskreis anders als mit Eltern usw. Auch die Kommunikationssituation kann wechseln, so dass ich einen anderen Sprachduktus, also eine andere Aktionsform wähle. Wer jemanden belehren will, greift sicher eher zu Fremdwörtern als derjenige, der eine Liebeserklärung macht.
Im Übrigen haben sich Fachsprachen entwickelt, die es z. B. den Beschäftigten in der Computerbranche ermöglichen, sich ohne viele Worte zu verständigen. Gleichwohl ist jeder Informatiker in der Lage zu erkennen, wann in einer Kommunikationssituation diese Fachsprache verwendet werden kann, also im Prinzip nur bei gleichberechtigen (= über dieselbe Sprachkompetenz verfügenden) Kommunikationspartnern.

Vor diesem Hintergrund muss auch der Fremdwortgebrauch im heutigen Deutsch gesehen werden und schließlich ist zu bedenken, dass die sprachlichen Realisationsformen (mündlich – schriftlich) einen nicht unerheblichen Einfluss auf den Wortschatz haben.
Nur eine komlexe wissenschaftliche Untersuchung, die sprachsoziologische Phänome einbezieht und auch erweist, dass sich die innere Sprachstruktur des Deutschen einer anderen Sprache annähert, könnte ein Beleg dafür sein, dass das Deutsche „ausstirbt".
Fremdworte hat es in allen Sprachen immer gegeben, man denke an die zahlreichen lateinischen Wendungen im Deutschen, ohne dass die Sprache dadurch ihre Unverwechselbarkeit verloren hätte.
Klagen über die Unverständlichkeit vieler Fremdwörter und den damit verbundenen Jargon gerade Jugendlicher sind populär und vielleicht gelegentlich auch berechtigt. Doch gibt es eben Gruppensprachen, etwa die Sprache der Jugendlichen, die als Insider-Sprachen angelegt sind; hier will sich eine Gruppe von einer anderen absetzen. Bekannt ist dieses Phänomen schon seit Jahrhunderten. Es hat sich sogar eine eigene Gaunersprache, das Rotwelsch, entwickelt. Heute gibt es beispielsweise in der Drogenszene Ausdrücke und Wendungen, die von Außenstehenden nicht verstanden werden und auch nicht verstanden werden sollen.

C. Schluss

Appelle, Fremdwörter zu vermeiden oder gar eine staatliche Zensur, die Fremdwörter verbietet, werden dauerhaft keinen Erfolg haben. Die Veränderung von Sprache lässt sich nicht steuern. Da Sprachgeschichte, wie es in einem bekannten Bonmot heißt, viel mit Geschichte und wenig mit Sprache zu tun hat, wird beispielsweise der Einfluss des Englischen/Amerikanischen in dem Maße wachsen, wie sich die USA in Politik, Wirtschaft und Kultur als einzig relevante Weltmacht erweisen.

Fünfter Arbeitsschritt: Durchlesen und Korrektur der Arbeit

Nehmen Sie sich ausreichend Zeit, um alle Zweifelsfälle der Rechtschreibung und Zeichensetzung noch einmal nachzuschlagen. Vergleichen Sie noch einmal Ihre Gliederung mit der Ausführung und überprüfen Sie die Zeitenfolge.

5. Übungsklausur / Sprache
Dieter E. Zimmer, RedensArten

Dieter E. Zimmer: RedensArten

Eine sehr offensichtliche, sehr äußerliche Diskriminierung besteht darin, daß fast immer, wenn Frauen und Männer zu festen Sprachformeln geronnen sind, die Männer zuerst kommen. Frauen und Männer – das sagt man meist eben nicht. Man sagt *Männer und Frauen, Jungen und Mädchen, Vater und Mutter.* Einladungen werden an *Herrn X und Frau* gerichtet. Die berühmten Liebespaare führt der Mann an: *Adam und Eva, Tristan und Isolde, Romeo und Julia.* Das Märchen hält sich an die gleiche Regel: *Brüderlein und Schwesterlein, Hänsel und Gretel.* Auf Vordrucken steht *Herr / Frau / Fräulein.* Die Grammatik reiht *der, die, das* und *er, sie, es.* Einzige Ausnahme ist die Anrede *meine Damen und Herren.* Die verdeutlicht die Regel nur: Wo wir ausgesucht höflich sein wollen, rücken wir die Frau an die erste Stelle, so wie wir ihr an der Tür den Vortritt lassen; ohne diese besondere Bemühung um Courtoisie hat den Vortritt der Mann.

Nicht symmetrisch verfährt die Sprache auch bei den Bezeichnungen für Frauen und Männer selbst. Männern gebührt die scheinbar vornehmere Anrede *Herr (Herr X).* Frauen wird keine solche Veredelung zuteil – sie sind einfach *Frau (Frau Y).* Nur in erlesenen Kreisen und dort meist nur, wo von ihnen im Kollektiv die Rede ist, werden sie zu etwas vermeintlich Besserem, zu *Damen.* Der Redner wendet sich an seine Damen und Herren; zuweilen erhalten sie *Damenwahl;* wo eine plebejische öffentliche Toilette für *Männer* bestimmt ist, ist die für *Frauen* nicht fern – im feineren Milieu aber steht an den Türen *H* und *D.*

Die Bad Harzburger Bibliothekarin Gerda Rechenberg kämpft seit Jahren einen vergeblichen Kampf, selber auch amtlicherseits als *Dame Rechenberg* angeredet und angeschrieben zu werden und die scheinbar unfeinere *Frau* allgemein durch die *Dame* zu ersetzen. Die meisten Feministinnen sind nicht auf ihrer Seite. Ihnen ist das Schicke, Gezierte, Untüchtige, das dem Wort *Dame* zweifellos anhaftet, gar nicht geheuer. Für sie ist *Frau* die einzige in Frage kommende Bezeichnung der Frau, so wie auch Amerikas Neger (wörtlich: „Schwarze") dankend auf die vorgebliche Ehrenbezeugung des Begriffs *Negro* mit seinem großen N verzichteten und sich selber rundweg als *blacks* bezeichnen. Die ärgste Beleidigung einer *Frauengruppe* (oder gar eines *Weiberrats)* besteht darin, sie *Damenkränzchen* zu nennen. Hier stoßen in den Worten Welten zusammen.

Das scheinbar unsymmetrische Paar *Herr / Frau* verdankt seine Entstehung jedoch nicht irgendeiner Lust an der Herabsetzung des weiblichen Geschlechts. Die alten Geschlechtsnamen waren *Mann* und *Weib. Weib* war ursprünglich eine Umschreibung, und zwar wohl eine ehrerbietige; es bedeutete wahrscheinlich soviel wie „das Verhüllte“ oder „das Geschäftige“. *Mann* war gleichzeitig Gattungsname, bedeutete also nicht nur Mann, sondern Mensch schlechthin. Tatsächlich ist auch das Wort *Mensch* nichts anderes als ein von *Mann* abgeleitetes Adjektiv, wörtlich also der *Männische,* und wenn die Feministinnen die Sprache auch in diesem Punkt von allem Sexismus purgieren wollten, müßten sie darauf bestehen, dem *Menschen* eine *Weibsche* an die Seite zu stellen. Daß *Mann* und *Mensch* vor der Sprache eins sind, hat einen klar sexistischen Grund, den schon Grimms Wörterbuch auf den Punkt brachte: „Nach der altgermanischen rechtlichen anschauung (ist) nur der mann im vollbesitze des menschlichen wesens.“ Nicht nur nach altgermanischer; Latein beispielsweise *(homo)* und die ihm folgenden romanischen Sprachen *(homme, hombre)* hielten die gleiche Anschauung hoch.

Als Anrede für vornehmere Menschen waren *Mann* und *Weib* unseren Vormüttern und -vätern nicht gut genug. Sie wurden mit den Äquivalenten für „Gebieter/in“ angesprochen: mit *Herr* (wörtlich: „Hehrer“, „Hoher“) und *Frau,* der weiblichen Form von *fro* („Herr“), der selber in Vergessenheit geriet und nur in Wörtern wie *Fron* („Herrendienst“) oder *Fronleichnam* („Körper des Herrn“) überlebte. Ursprünglich waren also *Herr* und *Frau* vollkommen gleichrangig, und das sind sie selbst für das heutige Sprachgefühl weitgehend immer noch.

Die Verwischung dieser Symmetrie *(Mann / Weib* als Geschlechtsnamen, *Herr / Frau* als Anrede) geht auf den Wunsch zurück, noch netter zu den Frauen zu sein. Darum wurde die vornehme Anrede *Frau* auch zum Geschlechtsnamen und verdränge das *Weib,* das nun eine leicht pejorative Bedeutung anzunehmen begann.

Auszug aus: Dieter E. Zimmer, RedensArten, Zürich 1988, S. 68 ff.

Aufgaben

1. Vollziehen Sie den Gedankengang des Autors mit eigenen Worten nach.
2. Prüfen Sie die Argumentationskette des Autors.
3. Erörtern Sie das Problem der Geschlechterdiskriminierung im heutigen Deutsch.

Erster Arbeitsschritt: Sichtung der Aufgabenstellung und kursorisches Lesen des Textes

Sprachliche Diskriminierung ist ein ernst zu nehmendes und wichtiges Thema im Bereich „Sprache und Gesellschaft“. Nicht zuletzt der Nationalsozialismus hat gezeigt, dass die sprachliche Verunglimpfung häufig der erste Schritt zur gesell-

schaftlichen Ächtung und zur Ausgrenzung von Minderheiten ist. Insofern ist es durchaus berechtigt, von sprachlicher Gewalt zu sprechen.
Im Hinblick auf die sprachliche Diskriminierung von Frauen ist die Gesellschaft heute viel sensibler als noch vor zehn oder zwanzig Jahren, auch wenn die Thematik gegenwärtig ein wenig an Brisanz verloren hat. Nach wie vor aber spiegelt Sprache geradezu idealtypisch den Umgang der Geschlechter ab und es ist bei allen Äußerungen zu diesem Bereich immer darauf zu achten, ob hier ein Mann – wie im vorliegenden Text – oder eine Frau spricht.
Zwar bemüht sich der Autor um Objektivität, lässt aber doch eine gewisse Reserviertheit gegenüber feministischen Sprachwissenschaftlerinnen erkennen, was sich an Formulierungen wie „Ihnen ... ist nicht geheuer" (Zeile 30ff.) oder „ärgste Beleidigung einer *Frauengruppe*" (Zeile 36f.) zeigt. Auch das Beispiel der Frau aus Bad Harzburg wirkt (und soll dies wohl auch!) lächerlich.

Zweiter Arbeitsschritt: Erschließung des Inhalts, der Form und der Intention des vorgegebenen Textes

a) Inhalt

Die inhaltlichen Sinnabschnitte folgen im Prinzip der Absatzeinteilung:

1. und 2. Absatz (Zeile 1 – 25) :
Es werden verschiedene Anredeformen benannt, bei denen jeweils zuerst Männer, dann Frauen genannt werden; dies sei eine „sehr äußerliche Diskriminierung" (Zeile 1).

3. Absatz (Zeile 26 – 38):
Eine Frau aus Bad Harzburg wünscht, als „Dame" tituliert zu werden, was die Feministinnen ablehnen, da ihnen der Begriff nicht „geheuer" (Zeile 32) sei.

4. Absatz (Zeile 39 – 56):
Sprachgeschichtlich gesehen, sind „Mann" und „Mensch" identisch, „Weib" war keine Herabsetzung, sondern bedeutete „das Verhüllte" (Zeile 43f.).

5. Absatz (Zeile 57 – 65):
„Herr" und „Frau" waren gleichrangige Anreden.

6. Absatz (Zeile 66 – 70):
„Frau" als Anrede ist eine Höherschätzung der Frau, der Begriff „Weib" wurde verdrängt und hat heute eine „leicht pejorative" Bedeutung (Zeile 70).

b) Form

Auffällig ist der Fachwortschatz („symmetrisch", Zeile 16, „abgeleitetes Adjektiv", Zeile 47, „Äquivalenten", Zeile 58f. usw.) sowie die Berufung auf Autoritäten (Grimms Wörterbuch, Zeile 52) und der Bezug auf gesicherte sprachwissenschaftliche Erkenntnisse (Beispiel: „Fron“, Zeile 61). Daneben wird jedoch auch umgangssprachlich argumentiert („stoßen Welten zusammen“, Zeile 38, „solche Veredlung“, Zeile 18f., „öffentliche Toilette“, Zeile 23). Insgesamt überwiegt die sachlich-neutrale Beschreibung von sprachgeschichtlichen Zusammenhängen, die aber durch originelle Beispiele veranschaulicht werden. Man könnte den Text als populärwissenschaftlich einordnen.

c) Textintention

Der Autor ergreift Partei, illustriert seine Inhalte durch Beispiele und schreckt vor versteckten polemischen Angriffen nicht zurück. Er will – trotz seiner scheinbar neutralen Darstellung – nicht in erster Linie informieren, obwohl er sich als versierter Kenner von Sprache und Sprachgeschichte zeigt, sondern überzeugen.
Zunächst wendet sich Dieter E. Zimmer gegen die *„Dame Rechenberg“* (Zeile 28), eine Bibliothekarin aus Bad Harzburg; sie möchte als Dame angeredet und angeschrieben werden. Sodann erwähnt er die Vertreterinnen einer feministischen Sprachwissenschaft, die seiner Meinung nach mit ihren radikalen Ansichten ebenfalls weit über das Ziel hinaus schießen und sich oft genug der Lächerlichkeit preisgegeben.
Sie haben allerdings offensichtlich „Wissensdefizite“, denn die Anredeform „Herr/Frau“ ist nach Zimmer im Grunde nur frauenfreundlich zu deuten.

Dritter Arbeitsschritt: Erstellen eines Konzeptes zur Bearbeitung der Aufgaben

Konzipieren Sie für die 1. Aufgabe eine kurze Einleitung und halten Sie den Inhalt des Textes fest; Sie können dabei dem Gedankengang des Textes folgen. Hier müssen Sie sich jeden Kommentars enthalten. Bei Aufgabe 2 hingegen bedeutet „prüfen“ darstellen, erläutern und eben auch werten. Schon in der Einleitung können Sie ein deutliches Urteil über die Argumentationsstruktur fällen, das Sie im Hauptteil ausführen und im Schlussteil noch einmal prägnant zusammenfassen.
Der Hauptteil sollte dann sofort das Ergebnis Ihrer Prüfung erkennbar werden lassen. Machen Sie also Ihre Kritik (z. B.: tendenzielle Darstellung eines wichtigen sprachlichen Problems) sogleich an Textbeispielen fest.
Die 3. Aufgabe verlangt eine Sammlung von Aspekten, die die sprachliche Diskriminierung von Frauen belegen oder verwerfen. Beide Zentralthesen sind grundsätzlich möglich. Sammeln Sie Thesen, Argumente und Beispiele und folgen Sie dann der Ihnen plausibleren Einschätzung. Die Cluster-Analyse ist hier u. U. ausschlaggebend. Neben den von Zimmer behandelten Themen könnten Sie z. B. die männliche Bezeichnung für Funktionen oder Berufe analysieren, die auch Frauen umfassen. Eine These hieße dann: „Frauen werden bei Berufsbezeichnungen nicht berücksichtigt“. Hiermit ließe sich der Hauptteil B der Erör-

terung beginnen. Danach könnten Sie in Punkt B.2, B.3 usw. auf sexistische Diskriminierungen (z.B. „Busenwunder") oder frauenverachtende Werbung zu sprechen kommen (z.B. auf jene Werbung, die Küchenmaschinen anpreist mit der Sentenz: „Alles, was Frauen wünschen").

Vierter Arbeitsschritt: Formulierung einer Analyse der Textvorlage und einer selbstständigen Erörterung

Aufgabe 2

A. Einleitung

In seinem Beitrag „RedensArten" versucht der Autor Dieter E. Zimmer seine sehr subjektiven Ansichten zu Fragen der sprachlichen Diskriminierung in Anredeformeln als objektive Tatsachen darzustellen.

B. Hauptteil (Einstieg)

Schon zu Beginn des Textes wird deutlich gewertet, wenn die Erstnennung von Männern bei Formeln wie *„Männer und Frauen, Jungen und Mädchen, Vater und Mutter"* (Zeile 4f.) als „sehr äußerliche Diskriminierung" (Zeile 1) bezeichnet wird. Zwar kann man hier „äußerlich" im Sinne von offensichtlich verstehen, doch schwingt sicher bewusst auch die Bedeutung von „unwichtig" oder „nebensächlich", eben nur „äußerlich" mit. Für die wertenden Attribute fehlen hier wie auch an anderen Stellen weitgehend Begründungen. Offenbar geht Dieter E. Zimmer davon aus, dass seine Beispiele sozusagen für sich sprechen, also derart plausibel sind, dass sich nähere Erläuterungen dazu erübrigen.
Noch grundsätzlicher ist zu fragen, ob der Autor, wenn er „feste Sprachformeln" (Zeile 2f.) untersucht, wirklich einen geschickten Zugriff auf das Problem der sprachlichen Diskriminierung wählt oder nicht doch durch recht absurde Beispiele, wie der Forderung der „Dame Rechenberg", eine wichtige Diskussion sofort in den Bereich des Lächerlichen ziehen möchte.

Aufgabe 3

A. Einleitung

Erst durch die Frauenbewegung und die so genannte feministische Sprachwissenschaft ist seit den siebziger Jahren des 20. Jahrhunderts deutlich geworden, dass die Benachteiligung von Frauen in der Gesellschaft schon in der Sprache beginnt. Schon das kleine Wort „man" ist etymologisch auf „Mann" zurückzuführen und stellt damit in gewisser Weise die Ansichten von Männern als objektive Ansicht schlechthin heraus.

B. Hauptteil

B.1 Beispiel: Einbeziehung beider Geschlechternennungen

In Zeitungen, Reden und auch in offiziellen Texten, wie Gesetzen, ist immer noch von „Schülern, Staatsbürgern, Sportlern, Bauern, Handwerkern oder Akademikern" die Rede, auch wenn selbstverständlich damit auch Frauen gemeint sind. Grammatisch und im Unterbewusstsein vieler Sprecher beziehen sich diese Begriffe aber nur auf das Maskulinum. Einige setzen wohl auch bewusst derartige Anreden ein, um Frauen schon sprachlich auszugrenzen. Wer macht sich z. B. die Mühe von Politikern und Politikerinnen, Soldaten und Soldatinnen oder Fußballspielern und Fußballspielerinnen zu sprechen und zu schreiben. Gerade in den klassischen Männerdomänen wählt man die männliche Form, als seien Frauen hier gar nicht existent.
Wenn etwa bei der Arzneimittelwerbung stets darauf verwiesen wird, dass man bei Risiken und Nebenwirkungen „Arzt oder Apotheker" fragen soll, so fragt sich „frau" natürlich, warum man hier nicht auch die Ärztin oder die Apothekerin fragen soll und kann. Offenbar wird hier Autorität mit „männlich" gleichgesetzt.
Besonders bei Führungsaufgaben vermisst man weibliche Bezeichnungen, wie sich bei seltsamen Konstruktionen wie „Frau Minister" oder „Frau Direktor" zeigt. Offenbar zählt noch immer allein die Quantität, wenn man eine allgemeine Bezeichnung sucht. Wer hat z. B. je von einem Arzthelfer, Kindergärtner oder einem Hebammer gehört, obwohl Männer in diesen Berufsfeldern durchaus vertreten sind. Bei anderen Berufen wirken jahrhundertealte Traditionen nach, obwohl die Realität heute schon ganz anders aussieht. Noch immer liest man von einem Lehrerkollegium, auch wenn mehrheitlich weibliche Lehrkräfte dort tätig sind oder „man" ruft eine Bedienung im Lokal als „Fräulein". Problematisch ist dies also vor allem, wenn die Wirklichkeit der Sprache Jahrzehnte voraus ist. Hier sind Frauen gefordert, diskriminierende Bezeichnungen wie „Fräulein" nicht einfach zu akzeptieren, sondern eine beide Geschlechter einbeziehende Formulierung zu wählen.

B.2 Beispiel: Sexismus in der Sprache

B.3 Beispiel: Geschlechterdiskriminierung in der Sprache der Werbung

C. Schluss

Frauen verdienen auch in gleichen Berufsfeldern noch immer weniger als Männer, sind in der Politik und in Führungspositionen der Wirtschaft nach wie vor unterrepräsentiert, stellen aber die Mehrheit der Sozialhilfeempfänger/-empfängerinnen! Diese offensichtliche Diskriminierung setzt sich in der Sprache fort und bekräftigt Vorurteile gegenüber Frauen. Da Sprache Ausdruck des Denkens ist, wie Wilhelm von Humboldt feststellt, ist die sprachliche Benachteiligung eines Geschlechts ein entscheidender Gradmesser für das Zusammenleben von Mann und Frau in der Gesellschaft.

Alternativen

Es kann die These von der sprachlichen Diskriminierung von Frauen natürlich auch grundsätzlich verworfen bzw. als Problem von gestern gesehen werden. Hier wäre ggf. darauf einzugehen, dass zwischen dem „natürlichen" und dem „grammatischen" Geschlecht keine sachlogische Verbindung besteht, wie sich an „das Mädchen" zeigt. Viele Ausdrücke, z. B. „Schüler", werden heute gemeinhin schon geschlechtsneutral, sozusagen als Gattungsbezeichnung verstanden. Die Nennung beider Geschlechtsformen wirkt z. T. lächerlich. Beispiele: „Meister- und Meisterinnenbrief", „Insassen- und Insassinnenversicherung" usw. Sprachliche Verrenkungen sind oft sehr albern und lassen das dahinterstehende Anliegen nicht wirklich deutlich werden. Schriftsprachliche Vorschriften haben auf die Alltagssprache fast keinen Einfluss usw.

Fünfter Arbeitsschritt: Durchlesen und Korrektur der Arbeit

Konzentrieren Sie sich auf korrekte Rechtschreibung und Zeichensetzung. Treffende Ausdrucksweisen und die Kohärenz Ihrer Darstellung sind ein entscheidendes Bewertungskriterium. Beides gilt es noch einmal zu überprüfen.
Satzbau und Fremdwortgebrauch sollten gesondert nachgearbeitet werden, weil man hier häufig den grammatischen Bezug verwechselt bzw. vergisst.

6. Übungsklausur/Sprache
Dieter Stellmacher, Wer spricht Platt?

Dieter Stellmacher: Wer spricht Platt?
(Ergebniszusammenfassung einer sprachwissenschaftlichen Untersuchung zum Mundartgebrauch in Norddeutschland)

Die hier vorgelegten und kommentierten Zahlen zur gegenwärtigen Lage des Niederdeutschen vermitteln das differenzierte Bild einer lebendigen Sprache. Wenn dem Norddeutschen, früher lautstärker als heute, mit dem Zuruf *Plattdüütsch lääwt* Mut gemacht worden ist, seine Mundart zu gebrauchen, so können wir jetzt über das Leben des Plattdeutschen viel gewisser urteilen, weil auf der Grundlage zuverlässiger Daten. (...)
Vielleicht trifft die Charakterisierung „verborgene Zweisprachigkeit" die Sprachsituation im Norden am besten. Danach sind es die weniger zugänglichen und die emotionalisierten Kommunikationsbereiche, in denen das Plattdeutsche als angemessenere Sprache dem Hochdeutschen vorgezogen wird. Besonders fällt das in der strikten Trennung von Schule und Erziehung gegenüber Freizeit und Unterhaltung auf. Aber weder die Gegensätze Öffentlichkeit–Privatheit noch Beruf–Familie sind die Prüfsteine für oder gegen die Wahl des Plattdeutschen, sondern Überlegungen, die diese Domänen sozusagen durchqueren.
Das zeigt sich z. B. an der Rolle von Mutter und Großeltern bei der Vermittlung der Mundart und ihrem Gebrauch. Zum einen wird Platt überwiegend von Müttern, in emotionalisierten, personalen Beziehungen also, erlernt: dann sind es die gleichen Mütter, die den Wechsel zum Hochdeutschen aus pädagogischen, transaktionalen Überlegungen heraus fördern. Ganz ähnlich verhält es sich mit den Großeltern.
Die für den Mundarterwerb ausschlaggebenden emotionalisierten, personalisierten Lebens- und Kommunikationsbereiche erklären auch, warum die Sympathie (...) ein so starker Motor des Sprachgebrauchs ist. Wer die Sprache mag, so kann verallgemeinert werden, der bedient sich ihrer auch, ja der bemüht sich noch in späteren Lebensjahren um Sprachkenntnis. Dem Mögen muß das Kennen voraufgehen. Daß das Niederdeutsche von denen gering geschätzt wird, die von ihm wenig wissen, überrascht nicht. Hier deutet sich aber eine gehörige Aufgabe an. Man muß das Niederdeutsche in Norddeutschland bekannt machen! Man muß in jeder Form der Spracherziehung auch der Mundart eine Chance geben! Wer von ihr nichts weiß, sie nicht verstehen und nicht sprechen kann, wird folglich nie ihre Leistungen erleben sowie ihre Schönheit beurteilen können. Und: „Um eine Sprache von Herzen sein eigen zu nennen, muß man, glaub ich, etwas darin erlebt haben, etwas sehr Wichtiges – nämlich die Kindheit. „In diesem Sinne hab ich", so bekennt Wilhelm Busch

1875 in einem Brief, „zwei Sprachen: Hochdeutsch und Plattdeutsch.“

In der Sprachwissenschaft ist die Heterogenität des Sprachbegriffs unumstritten. Die Kultur- und Sprachpolitik sollte daraus die erforderlichen Schlüsse ziehen.

Die Untersuchung zur Lage des Niederdeutschen heute hält ein reiches Zahlenmaterial bereit. Nur einiges davon konnte in dieser Schrift behandelt werden. Wir wissen jetzt genau, was vorher eher erahnt als bewiesen war, z. B. (...) die hohe passive Sprachfähigkeit im gesamten Untersuchungsgebiet und die verbreitete Rückkehr zur Mundart im Alter (wobei jenes die Voraussetzung für dieses zu sein scheint). Wir wissen, daß das plattdeutsche Angebot der Medien angenommen und kritisch verfolgt wird (vgl. die Bewertungen des Niederdeutschen in der Kirche und im Theater), wir wissen, daß es fürs Plattdeutsche keine prinzipielle thematische Beschränkung gibt (...).

Und wir haben auch erfahren, daß die Bewertung einer Sprache von der öffentlichen Meinung, dem Klima in der Sprachlandschaft, abhängt. Die oft erwähnte Mundartwelle oder Dialektrenaissance prägt auch die allgemeinen Urteile. Dabei bleibt als Aufgabe, dafür zu sorgen, daß jeder Norddeutsche Gelegenheit bekommt, die Sprachen seines Landes, das Hoch- und das Niederdeutsche, kennenzulernen und kommunikativ zu erproben. Er wird dann selbst zu entscheiden wissen, wann die eine Sprache angebracht ist, wann die andere.

Auszug aus: Dieter Stellmacher, Wer spricht Platt? Leer 1987, S. 42 ff.

Aufgaben

1. Erläutern Sie die Aussagen Stellmachers zur gegenwärtigen Rolle des Niederdeutschen in Norddeutschland.
2. Diskutieren Sie kontrovers die im Text geforderten Konsequenzen in der Kultur- und Sprachpolitik (vgl. Zeile 44) angesichts der gegenwärtigen Renaissance des Dialekts in ganz Deutschland.

Erster Arbeitsschritt: Sichtung der Aufgabenstellung und kursorisches Lesen des Textes

Die beiden Aufgaben setzen jeweils eigene Analysen voraus. Eine Erläuterung muss nicht nur darstellen, sondern auch erklären. Über die Inhaltswiedergabe hinaus darf also durchaus am Text gearbeitet werden, allerdings ist eine persönliche Stellungnahme, die einen Standpunkt beschreibt und folglich subjektiv wertet, erst in der zweiten Aufgabe gewünscht.

Bei der Erstlektüre des Textes achten Sie möglichst auch auf die Absätze, der Autor lenkt damit das Leserinteresse. Kurze Absätze enthalten nicht selten die Kernthesen des Gesamttextes.

In der Einleitung ist von einer wissenschaftlichen Studie die Rede, der Text ist Auszug aus einer größeren Arbeit. Sie können also davon ausgehen, dass der Autor, ein Sprachwissenschaftler, nicht polemisiert oder agitiert, sondern sachlich informierend durch wissenschaftliche Untersuchungen (Meinungsumfragen, historische Studien usw.) gestützte Thesen entfaltet. Dass die Sympathie des Autors für seinen Gegenstand deutlich wird, beeinträchtigt die wissenschaftliche Objektivität keineswegs.

Das Niederdeutsche oder Plattdeutsche ist insofern eine besondere Mundart als es im Mittelalter eine voll ausgebildete Sprache war, die sich bis heute vom Mittel- und Oberdeutschen durch die nicht vollzogene zweite Lautverschiebung bestimmter Konsonanten unterscheidet (Beispiele: „water" statt „Wasser" oder „open" statt „offen" und „ik" statt „ich").

Zweiter Arbeitsschritt: Erschließung des Inhalts, der Form und der Intention des vorgegebenen Textes

Inhaltlich lassen sich die Kernaussagen in wenigen Sätzen zusammenfassen:

- Das Niederdeutsche ist in Norddeutschland, wie wissenschaftlich erhobene Umfragedaten belegen, auch heute noch eine lebendige Sprache (Zeile 1 – 7).
- Es herrscht in Norddeutschland eine Art Zweisprachigkeit (Hochdeutsch/Niederdeutsch), wobei das Niederdeutsche eher im emotionalen Bereich gebraucht wird (Zeile 8 – 17).
- Mütter spielen bei der Sprachvermittlung, aber auch beim späteren Gebrauch bzw. Nichtgebrauch des Niederdeutschen (Plattdeutschen) eine prägende Rolle (Zeile 18 – 24).
- Die Sympathie steuert die Sprachverwendung: Wer die Sprache mag, gebraucht sie auch. Wer sie kaum kennt, lehnt sie ab (Zeile 25 – 42).
- Die Heterogenität (Vielschichtigkeit) des Sprachbegriffs ist in der Wissenschaft ein neu diskutiertes Problem; daraus sollte die Sprachpolitik Konsequenzen ziehen (Zeile 43 – 45).
- Im Untersuchungsgebiet herrscht eine hohe passive Sprachfähigkeit, man versteht also das Plattdeutsche noch fast überall. Im Alter gebraucht man es auch häufiger, die Medien nehmen die Sprache zunehmend wahr (Zeile 46 – 56).
- Die öffentliche Meinung bestimmt die Bewertung einer Sprache, jeder Norddeutsche sollte Hochdeutsch und Plattdeutsch erlernen, um seinen Sprachgebrauch der jeweiligen Situation anpassen zu können (Zeile 57 – 65).

Stilistisch auffällig sind die Fachbegriffe aus dem Bereich der Sprachwissenschaft: „Zweisprachigkeit" (Zeile 8f.), „emotionalisierter Kommunikationsbereich" (Zeile 10f.), „transaktionale Überlegungen" (Zeile 22f.) usw. Diese müssten aus dem Kontext oder durch Nachschlagen zunächst geklärt werden.
Für eine wissenschaftliche Studie ungewöhnlich sind die Appelle in den Zeilen 33–35, hier sogar mit Ausrufungszeichen (vgl. auch die Zeilen 40f. und 60ff.). Offenbar zielt die Veröffentlichung auf ein breiteres Publikum, dass für die Förderung des Niederdeutschen gewonnen werden soll.
Öffentliche Meinung und Sprachgebrauch sind also sich gegenseitig bedingende Faktoren, die der Autor analysiert, aber auch zu seinen Zwecken einsetzt.
Er argumentiert nicht wertfrei, sondern ergreift in einer kulturpolitischen Auseinandersetzung (Förderung der Mundart pro und contra) klar Partei. Sein gesamter Text ist im Grunde eine gewichtiges Autoritätsargument für das Plattdeutsche.

Dritter Arbeitsschritt: Erstellen eines Konzeptes zur Bearbeitung der Aufgaben

Die erste Aufgabe umfasst Inhaltswiedergabe und Textanalyse. Beginnen sie mit dem Inhalt und zeigen Sie an geeigneten Beispielen, vor allem am Schluss des Textes, dass der Autor eine eigene Position vertritt (vgl. die Appelle in den Zeilen 33–35).
Wenn in der Aufgabenstellung eine kontroverse Diskussion gefordert wird, liegt es nahe die Argumentationsstruktur der dialektischen Erörterung der eigenen Abhandlung zugrunde zu legen. Die Förderung des Dialektes wird durch den Prüfungstext indirekt empfohlen. Sie sollten aber auf Gegenpositionen achten (z.B. Diskriminierung von Mundartsprechern, Probleme beim Erlernen des Standarddeutschen, Ausgrenzung von Fremden) und überlegen, von wem und wie eine Mundart ggf. gefördert werden kann. Sammeln Sie also Stichworte und verschränken Sie jeweils ein Pro- und ein Contra-Argument, etwa wie in den folgenden Beispielen:

1. Beispiel

Pro		Contra
Dialekt fördert Zusammengehörigkeit	↔ ↓	Dialekt grenzt Fremde aus

Conclusio: Fremde müssen Möglichkeiten haben, den Dialekt ihrer neuen Heimat z.B. in Volkshochschulkursen zu erlernen.

2. Beispiel

Pro		Contra
Tradition muss bewahrt werden.	↔ ↓	Dem Sprachwandel darf sich niemand verschließen.

Conclusio: Dialektpflege darf Erlernen der Standardsprache nicht beeinträchtigen.

Vierter Arbeitsschritt: Formulierung einer Analyse des Textes und einer eigenen kontroversen Diskussionsvorlage

Entwickeln Sie nach der Textbearbeitung aus einer Stichwortsammlung eine persönliche Einschätzung (z. B. Mundarten sind zu erhalten und zu pflegen!). Sammeln Sie dann Aspekte des Dialektgebrauchs: Dialekte erfreuen sich in der Werbung, bei Unterhaltungssendungen und in Schlagern immer größerer Beliebtheit. Aber auch in ernsthafter Literatur, beispielsweise bei dem Dramatiker Franz Xaver Kroetz oder in politischen Liedern etwa der Anti-Atomkraftbewegung, spielen Mundarttexte eine wichtige Rolle. Der Text macht deutlich, dass vom allmählichen Absterben der Dialekte keine Rede sein kann. Sie sollten deshalb zunächst Gründe für diese Entwicklung nennen. Zum Beispiel:

> Während allenthalben von Globalisierung die Rede ist und man meint, die Erde werde via Internet zum Dorf, in dem jeder mit jedem selbstverständlich in Englisch „chattet", hört man im Radio Mundartlieder, sprechen Börsenbroker ein breites Hessisch und kommt kein Kabarett ohne eine Einlage auf Sächsisch aus. Auch wissenschaftliche Studien, wie Dieter Stellmachers Untersuchung zum Niederdeutschen, belegen, dass Dialekte heute nach wie vor von großer Bedeutung sind.
> Gerade der Verlust von Familienbindungen und Heimat – weitaus mehr Menschen als früher wechseln heute Wohnort und Beruf – führt dazu, dass man sprachlich eine unverwechselbare Identität pflegt. Es wird bewusst „berlinert" und „geschwäbelt", niemand nimmt mehr Anstoß daran, dass man hört, wo jemand geboren oder aufgewachsen ist. In der Werbung wird dies aufgegriffen, wenn bestimmte „bodenständige" Produkte im Dialekt angepriesen werden. Die Zeiten, als Mundartgebrauch noch als rückständig galt, sind offenbar vorüber.
> Bewusst setzt man den Dialekt ein um Zusammengehörigkeit auszudrücken, man identifiziert sich mit der engeren Heimat und grenzt sich sicher auch gegen andere Landstriche oder auch schon gegen das Nachbardorf ab. Will man als Fremder wirklich integriert werden, muss man sich sprachlich anpassen. Es sollten deshalb z. B. in Volkshochschulen – und warum auch nicht in Schulen? – Mundartkurse angeboten werden, die für jeden offen sind.

Die Mundarten sind oft älter als die Standardsprache und sollten schon deshalb besonders gepflegt werden. Richtig ist aber auch, dass sich Sprache immer schneller wandelt und man Heranwachsenden keinen Gefallen tut, wenn man Sprache konserviert und Neuerungen etwa aus der Mediensprache vehement ablehnt. Jeder muss sich heute in einem zeitgemäßen Hochdeutsch ausdrücken können, wenn er bundesweit auf dem Arbeitsmarkt Chancen haben will. Die Mundart soll gepflegt werden, in der Schule muss das Erlernen der Standardsprache aber immer und in allen Klassenstufen Vorrang haben.

Fünfter Arbeitsschritt: Durchlesen und Korrektur der Arbeit

Überprüfen Sie den Satzbau und achten Sie auf einen angemessenen Ausdruck. Um überflüssige Fehler zu vermeiden kontrollieren Sie Rechtschreibung und Zeichensetzung. Vor allem bei eingeschoben Relativsätzen und erweiterten Infinitiven, auf die im Beziehungssatz mit „es" o.ä. hingewiesen wird, vergisst man schon einmal das Komma.

7. Übungsklausur/Literatur Kurt Pinthus, Vorwort zur Anthologie „Menschheitsdämmerung"

Kurt Pinthus: Vorwort zur Anthologie „Menschheitsdämmerung". Symphonie jüngster Dichtung (1919)

[…] Die politische Kunst unserer Zeit darf nicht versifizierter Leitartikel sein, sondern sie will der Menschheit helfen die Idee ihrer selbst zur Vervollkommnung, zur Verwirklichung zu bringen. Dass die Dichtung zugleich dabei mitwirkte, gegen realpolitischen Irrsinn und eine entartete Gesellschaftsordnung anzurennen, war nur ein selbstverständliches und kleines Verdienst. Ihre größere überpolitische Bedeutung ist, dass sie mit glühendem Finger, mit weckender Stimme immer wieder auf den Menschen selbst wies, dass sie die verloren gegangene Bindung der Menschen untereinander, miteinander, das Verknüpftsein des Einzelnen mit dem Unendlichen – zur Verwirklichung anfeuernd – in der Sphäre des Geistes wiederschuf.

Demgemäß ist es natürlich, dass dies die Worte sind, die sich am meisten in ihr finden: Mensch, Welt, Bruder, Gott. Weil der Mensch so ganz und gar Ausgangspunkt, Mittelpunkt, Zielpunkt dieser Dichtung ist, deshalb hat die Landschaft wenig Platz in ihr. Die Landschaft wird niemals hingemalt, geschildert, besungen: sondern sie ist ganz vermenscht: sie ist Grauen, Melancholie, Verwirrung des Chaos, ist das schimmernde Labyrinth, dem Ahasver sehnsuchtsvoll sich entwinden will: und Wald und Baum sind entweder Orte der Toten, oder Hände, die zu Gott, zur Unendlichkeit hinsuchen. Mit rasender Schnelligkeit bewegt sich diese Dichtung vom fanatischen Kampfruf zum Sentimentalen, vom anarchischen Toben zur Didaktik des Ethischen. Wenig nur ist Freude und Glück in ihr: Liebe ist Schmerz und Schuld – Arbeit wird zu gefühlvernichtender Qual: noch das Trinklied ist dumpfes Schuldbekenntnis: und lichtere, frohere Töne erklingen nur aus der Sehnsucht nach dem Paradies, das verloren ist und das doch vor uns liegt.

Niemals war das Ästhetische und das L'art-pour-l'art-Prinzip so missachtet wie in dieser Dichtung, die man die „jüngste" oder „expressionistische" nennt, weil sie ganz Eruption, Explosion, Intensität ist – sein muss um jene feindliche Kruste zu sprengen. Deshalb meidet sie die naturalistische Schilderung der Realität als Darstellungsmittel, so handgreiflich auch diese verkommene Realität war: sondern sie erzeugt sich mit gewaltiger und gewaltsamer Energie ihre Ausdrucksmittel aus der Bewegungskraft des Geistes (und bemüht sich keineswegs, deren Missbrauch zu meiden). Sie entschleudert ihre Welt … in ekstatischem Paroxismus, in quälender Traurigkeit, in süßestem musikalischen Gesang, in der Simultaneität durcheinanderstürzender Gefühle, in chaotischer Zerschmetterung der Sprache, grausigster Verhöhnung menschlichen Misslebens, in flagelantisch schreibender, verzückter Sehnsucht nach Gott und dem Guten, nach Liebe und Brüderlichkeit. So wird auch das Soziale nicht als realistisches Detail, objektiv etwa als Elendsmalerei dargestellt (wie von der Kunst um 1890), sondern es wird stets ganz ins Allgemeine, in die großen Menschheitsideen hingeführt. Und selbst der Krieg, der viele dieser Dichter zerschmetterte, wird nicht sachlich realistisch erzählt: – er ist stets als Vision da (und zwar lange vor seinem Beginn), schwelt als allgemeines Grauen, dehnt sich als unmenschlichstes Übel, das nur durch den Sieg der Idee vom brüderlichen Menschen aus der Welt zu schaffen ist.

Die bildende Kunst dieser Jahre zeigt dieselben Motive und Symptome, zeigt das gleiche Zersprengen der alten Formen und das Durchlaufen aller formalen Möglichkeiten bis zur Konsequenz völliger Auflösung der Realität, zeigt den gleichen Einbruch und Ausbruch des Menschlichen und den gleichen Glauben an die lösende, bindende Macht des menschlichen Geistes, der Idee. Es geschah bereits, dass manche Versuche und Entartungen für nachahmende Nichtkönner zur leeren Form, zur Formel, zur geschäftsmäßigen Phrase wurden. Und Pathos, Ekstase, große Gebärde brechen nicht nur hervor und empor, sondern stürzen oftmals zusammen im Krampf, weil sie zur Form sich nicht verwesentlichen können. Immer wieder aber bläst in die ungeheure Eruption des Gefühls klärend und reinigend der Geist; erschallt aus dem Zerfallenden der Ruf nach der Gemeinsamkeit des Menschlichen; schwebt über dem ziellosen Chaos der Gesang der Liebe.

Und immer wieder muss gesagt werden, dass die Qualität dieser Dichtung in ihrer Intensität beruht. Niemals in der Weltdichtung scholl so laut, zerreißend und aufrüttelnd Schrei, Sturz und Sehnsucht einer Zeit, wie aus dem wilden Zuge dieser Vorläufer und Märtyrer, deren Herzen nicht von den romantischen Pfeilen des Amor oder Eros, sondern von den Peinigern verdammter Jugend, verhasster Gesellschaft, aufgezwungener Mordjahre durchbohrt wurden. Aus irdischer Qual griffen ihre Hände in den Himmel, dessen Blau sie nicht erreichten: sie warfen sich, sehnsuchtsvoll die Arme ausbreitend, auf die Erde, die unter ihnen auseinander barst; sie riefen zur Gemeinschaft auf und fanden noch nicht zueinander; sie posaunten in die Tuben der Liebe, sodass diese Klänge den Himmel erbeben ließen, nicht aber durch das Getöse der Schlachten, Fabriken und Reden zu den Herzen der Menschen drangen.

Auszug aus: Kurt Pinthus: Menschheitsdämmerung, Neuausgabe Hamburg 1959.

Aufgaben

1. Stellen Sie die Aussagen des Textes zur „neuen" und zur „alten" Kunst gegenüber.
2. Listen Sie die Begründungen für die vom Autor gewünschte Erneuerung der Kunst auf.
3. Erörtern Sie, inwieweit ein Schriftsteller politisch wirken kann und sollte.

Erster Arbeitsschritt: Sichtung der Aufgabenstellung und kursorisches Lesen des Textes

Die eigentliche Textarbeit ist in zwei Aufgaben gegliedert. Zum einen wird eine Herausstellung von Aussagen, im Wesentlichen also Thesen, verlangt, zum anderen sollen Begründungen zu einer Zentralthese zusammengestellt werden. Überschneidungen sind hier zu vermeiden, denn die Aufgaben eins und zwei verlangen jeweils einen unterschiedlichen Zugriff auf den Text. Erst in der dritten Aufgabe können Sie sich vom Text lösen und frei formulieren.
Die Entwicklung der Kunst im Allgemeinen und der Literatur im Besonderen vollzieht sich nicht selten sprunghaft; politische, religiöse oder wissenschaftliche Veränderungen spielen hierbei eine große Rolle. Doch gibt es sicher auch eine gewisse Eigengesetzlichkeit. Pinthus steht an einer Weggabelung im Bereich der Moderne. Der Erste Weltkrieg war 1918 zu Ende gegangen, überkommene politische Strukturen wie die Monarchie waren in Deutschland und anderen Ländern zusammengebrochen. Millionen Tote und eine ungeklärte Kriegsschuldfrage, die auch die Frage nach dem Sinn dieses Krieges weithin unbeantwortet ließ, stürzte viele Menschen in eine Krise, die durch das wirtschaftliche Elend zu Beginn der 20er Jahre des letzten Jahrhunderts noch verstärkt wurde. Die Kunst konnte nun nicht mehr bruchlos an die Zeit vor 1914 anknüpfen. Mit den Verhältnissen hatten sich auch die Menschen verändert. Pinthus beschreibt dies mit Formulierungen wie „gegen realpolitischen Irrsinn und eine entartete Gesellschaftsordnung anzurennen" (Zeile 4f.) oder „Sehnsucht nach dem Paradies, das verloren ist und das doch vor uns liegt" (Zeile 26f.). Die neue Kunst wird die „expressionistische" (Zeile 30) genannt, weil sie „jene feindliche Kruste" (Zeile 31), gemeint ist das rein Ästhetische und das rein Naturalistische, sprenge. Der Krieg selbst wird direkt angesprochen und als „unmenschlichstes Übel" (Zeile 48f.) tituliert, das nur „durch den Sieg der Idee vom brüderlichen Menschen aus der Welt zu schaffen" (Zeile 49f.) sei. Nach den Zeiten „aufgezwungener Mordjahre" (Zeile 72) habe zunächst die Jugend zu einer revolutionierenden Kunst gefunden, die die Realität überwinde, um den „Glauben an die lösende, bindende Macht des menschlichen Geistes" (Zeile 55f.) zu wahrer Geltung zu bringen. Pathos und Intensität des Ausdrucks drücken die Erfahrung des Krieges aus und leiten eine neue Epoche ein.

Zweiter Arbeitsschritt: Erschließung des Inhalts, der Form und der Intention des vorgegebenen Textes

Der Text muss zeitlich eingeordnet und zunächst vor diesem Hintergrund bearbeitet werden. Erklären Sie also die historischen Passagen und trennen Sie sie von den überzeitlichen, auch heute noch gültigen bzw. diskussionswürdigen Aussagen.

Da es sich um einen durchaus literarischen Text handelt, muss die Analyse der Gestaltungsmittel breiten Raum einnehmen. Zur ersten Orientierung fertigen Sie am besten ein dreispaltiges Raster, in das Sie Besonderheiten von Sprache und Satzbau eintragen, diesen Merkmalen eine kurze Beschreibung hinzufügen und schließlich die Wirkung auf den zeitgenössischen Leser zu erkunden suchen. Für die Zeilen 1 – 27 könnte ein solches Raster folgendermaßen aussehen:

Sprache / Satzbau	Beschreibung	Wirkung
Zeile 1 „politische Kunst"	Eingrenzung des Themas	Neugier
Zeile 1f. „nicht versifizierter Leitartikel"	Abgrenzung von Sachtext	Distanz
Zeile 2 „Menschheit helfen (…)"	hoher Anspruch	Manifest
Zeile 10 „Verknüpftsein des Einzelnen mit dem Unendlichen"	Pathos	fast religiöse Dimension
Zeile 13 „Mensch, Welt, Bruder, Gott"	Steigerung	„heiliger" Anspruch
Zeile 15ff. „Landschaft (…) ist vermenscht"	Widerspruch	Irritation
Zeile 17 „Grauen, Melancholie (…) Chaos"	negative Weltsicht	Betroffenheit
Zeile 25 „dumpfes Schuldbekenntnis"	Mensch als Zerstörer	Angriff/Widerspruch?

Besonders die zahlreichen Fremdwörter müssen so im Kontext geklärt und auf ihre beabsichtigte Wirkung hin untersucht werden. Hier geht es nicht um eine wissenschaftliche Ansprache, sondern wie die ausdrucksstarken Verben, die Begriffe Gott, Menschheit, Chaos, Tod oder Liebe sowie die überschwengliche Metaphorik verdeutlichen, um ein Manifest, eine Grundsatzerklärung zum Sinn der Kunst nach dem Ersten Weltkrieg, deren Platz in der Gesellschaft und im Leben jedes Einzelnen neu bestimmt werden soll.

Pinthus will ein neues Zeitalter einläuten, alles soll neu beginnen. Der Text wird durch die bewegenden Verben, die sich steigernden Aufzählungen und die apodiktischen Urteile ungewohnt dynamisch, fast fühlt sich der Leser gehetzt, in einen Strudel gezogen, der alles Alte, Vergängliche mitreißt. Ein neuer Mensch soll über eine neue Kunst kreiert werden. Fast erinnert die sprachliche Gestaltung an alttestamentliche Prophetenreden. Politik, Kunst und Religion sind nicht mehr zu unterscheiden.

Dritter Arbeitsschritt: Erstellen eines Konzeptes zur Bearbeitung der Aufgaben

Die Aufgaben erfordern sehr unterschiedliche Gliederungen. Bei der Textarbeit sollten klare Einzelthesen vergleichend gegenübergestellt werden (alte Kunstauffassung – neue Kunstauffassung), wobei die Anschauungen, von denen sich Pinthus absetzt, oft nicht direkt genannt sind, sondern indirekt – man spricht im Fachausdruck von „ex negativo" – erschlossen werden müssen.

Alte Kunst	**Neue Kunst**
reine Ästhetik	expressionistisch
l'art- pour-l'art-Prinzip	Intensität, Explosion
Trennung von Kunst und Politik/ Weltanschauung	Verknüpftsein des Einzelnen mit allem anderen Menschen und dem Unendlichen
naturalistische Schilderung der Realität	Durchbrechung der Realität
sentimentale Elendsmalerei	Zerschmetterung der Sprache
Romantik	Pathos, Ekstase
Nachahmung	Eruption des Gefühls
Amor und Eros	Qual, berstende Erde/Liebe, die den Himmel erbeben lässt

Trennen Sie dann die Thesen von den Begründungen. Modale Hilfsverben, appellative Ausdrücke und Ellipsen verweisen auf Thesen, auch Stilmittel wie die Klimax oder die Correctio. Zum Beispiel:

Zeile 1: „Die politische Kunst unserer Zeit *darf*" (...) (Modalverb)
Zeile 13: „Mensch, Welt, Bruder, Gott" (Klimax)

Zeile 23: „Liebe ist *Schmerz* und *Schuld*" (Alliteration)
Zeile 30f.: „(...) weil sie ganz Eruption, Explosion, Intensität *ist – sein muss* (...)" (Klimax/Correctio)
Zeile 51f.: „Die bildende Kunst dieser Jahre *zeigt* dieselben Motive und Symptome, *zeigt* (...)" (Wiederholung)

In einem zweiten Schritt ist dann das Pathos an Beispielen wie „mit glühendem Finger" (Zeile 7), „rasender Schnelligkeit" (Zeile 20f.), „fanatischen Kampfruf" (Zeile 21f.), „anarchischen Toben" (Zeile 22) usw. zu erwähnen und zu deuten. Was Pinthus fordert, bringt er im Text selbst zum Ausdruck. Nehmen Sie dann selbst Stellung.
Wählen Sie hierzu geeignete Beispiele im Schnittfeld von Politik und Kunst (NS-Zeit, DDR). Hierbei müssen Sie auf Vorwissen aus den Semestern der Kursstufe zurückgreifen und Schwerpunkte dort setzen, wo auch im Unterricht bei der Behandlung literaturgeschichtlicher Zusammenhänge Schwerpunkte gesetzt wurden, etwa beim Naturalismus oder der so genannten Trümmerliteratur nach 1945.

Vierter Arbeitsschritt: Formulierung einer Analyse der Textvorlage und einer selbstständigen Erörterung

Es fällt schwer, derartige Manifeste voller Pathos, wie Pinthus sie vorgibt, sachgemäß zu verstehen, weil sich die Zeiten und damit die sprachlichen Ausdrucksformen doch sehr verändert haben. Uns heutigen Lesern fällt es schwer sich in die Zeit zu Beginn des letzten Jahrhunderts, nach dem Ende des Ersten Weltkrieges, hineinzuversetzen.
In Sprache und Form sollten Sie deshalb nicht versuchen Pinthus nachzuahmen.

Aufgabe 3

A. Einleitung

Politik und Kunst, zu der auch die Literatur zu rechnen ist, werden von vielen als ganz unterschiedliche Bereiche betrachtet. Häufig hört man, dass Schriftsteller, wie etwa der Nobelpreisträger Günter Grass, in der politischen Auseinandersetzung zurückhaltender sein und sich speziell nicht zu tagesaktuellen Fragen wie der Asyl- und Ausländerpolitik öffentlich äußern sollten, denn im Grunde würden sie ihre Popularität dadurch missbrauchen.

B. Hauptteil

Jeder Staatsbürger ist von der Politik betroffen, auch wenn uns das im Alltag nicht immer bewusst ist. Doch Verkehrsregeln, Schulabschlüssen, Steuergesetzen oder auch nur Ladenschlusszeiten sind politische Debatten und Entscheidungsprozesse vorausgegangen, die in der Demokratie zumeist von

gewählten Abgeordneten geführt werden. Niemand kann der Politik entgehen, denn sie regelt unser Zusammenleben. So wäre es verwunderlich, wenn Schriftsteller zu unpolitischen Persönlichkeiten erklärt werden würden. Gewiss darf man fragen, was Schriftsteller denn in besonderer Weise berechtigt, politische Erklärungen abzugeben. Es wäre vorschnell zu antworten, Autoren seien eben auch nur Bürger wie alle anderen und ihre Meinung hätte kein besonders Gewicht; sie dürften sich also zwar zur Poltik äußern, man dürfe ihnen aber keine besonderen Foren wie Sendezeiten im TV oder auch nur Zeitungsseiten zur Verfügung stellen.
Besonders die deutsche Geschichte hat gezeigt, dass die Kunst nicht im luftleeren Raum existiert, dass Schriftsteller zu Opfern und Tätern werden können. Wer Menschen in ihrem Denken beeinflusst – Autoren schöngeistiger Literatur tun dies per se, selbst wenn sie Trivialliteratur produzieren – , hat eine Verantwortung für das, was er schreibt. Auch in der Politik hat seine Einstellung ein größeres Gewicht als die vieler anderer Menschen und so sollte er sich genau überlegen, wen und was er unterstützt bzw. ablehnt. Die Kunst selbst ist ständig bedroht, denn nicht nur Diktatoren sind bemüht, die Meinungsfreiheit – öffentlicher Ausweis der Gedankenfreiheit – einzuschränken. Auch in unserer freiheitlichen Gesellschaft gibt es Interessen mächtiger Wirtschaftskonzerne, Parteien oder Medien, die darauf abzielen, Kritiker mundtot zu machen.
In einem autoritären Staat kann sich die Literatur nicht frei entfalten: Leser werden gegängelt, Autoren verfolgt, wie es sich in den Jahren von 1933-1945 oder auch in der DDR gezeigt hat. Heinrich Heines Satz, dass der, der Bücher verbrennt, bald auch Menschen verbrennt, ist in Deutschland bittere Realität geworden. So muss ein ernst zu nehmender Schriftsteller schon allein aufgrund dieser Geschichte ein politisches Bewusstsein haben.
Vielleicht ist es gerade seine Aufgabe Voraus- und Querdenker zu sein, also Thesen zu verteten, die die Mehrheit der Bevölkerung (noch) nicht teilt. Gerade weil er nicht auf Wählerstimmen angewiesen ist, aber durch seine Werke eine mehr oder weniger große Autorität besitzt, kann er unpopuläre, aber notwendige politische Entscheidungen einfordern.
Zu Beginn des letzten Jahrhunderts haben die Künstler gegen Unterdrückung und Militarismus revoltiert, in der NS-Zeit sind führende Schriftsteller wie Thomas Mann aus Deutschland emigriert und zu Zeiten des Ostblocks gehörten viele Schriftsteller zu den Dissidenten, die die kommunistische Parteidiktatur überwinden wollten und dafür auch ins Gefängnis gegangen sind.
Nicht wenige frühere DDR-Schriftsteller, wie z. B. Erich Loest, gelten heute als moralische Instanz, obwohl sie früher wie Staatsfeinde behandelt wurden.
Allerdings darf auch nicht übersehen werden, dass Schriftsteller nicht allein aufgrund ihrer literarischen Arbeit politisch hellsichtiger sind als andere; nicht immer sind sie ihrer Zeit voraus. Für Ernst Jünger war der Erste Weltkrieg ein großartiges Erlebnis (nachzulesen in seinen „Stahlgewittern“), der Lyriker Gottfried Benn hat sich 1933 entschieden für Hitler ausgesprochen, die DDR-

Schriftsteller Stephan Hermlin oder Hermann Kant gehörten zur Funktionärsriege der SED. Literatur und Moral sind nicht identisch. Aber „unpolitische" Dichter sind vielleicht noch gefährlicher, weil sie z. B. angeblich nur unterhalten wollen, in Wahrheit aber die Bevölkerung von Unrecht und Gewalt ablenken und so zur Stabilisierung von Diktaturen beitragen.
Es ist deshalb nur sinnvoll, wenn sich Autoren auch zu vielleicht auf den ersten Blick unwichtigen oder unzeitgemäßen politischen Problemen äußern. Schriftsteller können und müssten ihrem Selbstverständnis nach Seismographen der gesellschaftlichen Entwicklung sein.
Dabei muss man ihnen selbstverständlich ein Recht auf Irrtum einräumen. Im Übrigen sollte sich jeder in der politischen Arena auch kritisieren lassen und politische Gegner, sofern sie sich an die demokratischen Spielregeln halten, respektieren.

C. Schluss

Wenn man in fünfzig oder hundert Jahren auf die gegenwärtige Politik in Europa zurückblickt, wird man sich vielleicht fragen, warum man nicht mehr auf die Schriftsteller gehört hat, die vor Ausländerfeindlichkeit und Fremdenhass gewarnt haben und Gewalt radikal ablehnten.

Fünfter Arbeitsschritt: Durchlesen und Korrektur der Arbeit

Lesen Sie den Gesamttext aufmerksam durch, verbessern Sie die Fehler und achten Sie hier vor allem auf die Genauigkeit der Zitate. Auch die Interpunktion des Ausgangstextes muss im Zitat grundsätzlich unverändert übernommen werden. Nur in Ausnahmefällen können Sie das Zitat verändern, um es Ihrer Satzsstruktur anzupassen. Aber auch dies müssen Sie dem Leser anzeigen.
Prüfen Sie Ausdruck und Logik Ihrer Formulierungen, meiden Sie Paraphrasen.

8. Übungsklausur/Literatur
Gottfried Benn, Antwort an die literarischen Emigranten

Gottfried Benn: Antwort an die literarischen Emigranten
Deutsche Allgemeine Zeitung, Berlin 1933, Nummer 242, Donnerstag 25. Mai.

(...) Ich muß Ihnen zunächst sagen, daß ich auf Grund vieler Erfahrungen in den letzten Wochen die Überzeugung gewonnen habe, daß man über die deutschen Vorgänge nur mit denen sprechen kann, die sie auch innerhalb Deutschlands selbst erlebten. Nur die, die durch die Spannungen der letzten Monate hindurchgegangen sind, die von Stunde zu Stunde, von Zeitung zu Zeitung, von Umzug zu Umzug, von Rundfunkübertragung zu Rundfunkübertragung alles dies fortlaufend aus unmittelbarer Nähe miterlebten, Tag und Nacht mit ihm rangen, selbst die, die das alles nicht jubelnd begrüßten, sondern es mehr erlitten, mit diesen allen kann man reden, aber mit den Flüchtlingen, die ins Ausland reisten, kann man es nicht. Diese haben nämlich die Gelegenheit versäumt, den ihnen so fremden Begriff des Volkes nicht gedanklich, sondern erlebnismäßig, nicht abstrakt, sondern in gedrungener Natur in sich wachsen zu fühlen, haben es versäumt, den auch in Ihrem Brief wieder so herabsetzend und hochmütig gebrauchten Begriff „das Nationale" in seiner realen Bewegung, in seinen echten überzeugenden Ausdrücken als Erscheinung wahrzunehmen, haben es versäumt, die Geschichte form- und bilderbeladen bei ihrer vielleicht tragischen, aber jedenfalls schicksalbestimmten Arbeit zu sehen. Und mit diesem Allen meine ich nicht das Schauspielhafte des Vorgangs, das impressionistisch Fesselnde von Fackeln und Musik, sondern den inneren Prozeß, die schöpferische Wucht, die in der Richtung wirkte, daß sie auch einen anfangs widerstrebenden Betrachter zu einer weitertreibenden menschlichen Umgestaltung führte. (...)

Schließlich richtet sich aber Ihr Brief auch unmittelbar an meine Person. An diese richten Sie Fragen, Warnungs- und Prüfungsfragen hinsichtlich der Besonderheit ihres radikalen Sprachgefühls, das mir auf der anderen Seite nur Hohn und Spott eintragen würde, schließlich nach ihrer Verehrung bestimmter literarische Köpfe, die jetzt auf *Ihrer* Seite sich befinden. Ich antworte Ihnen: ich werde weiter verehren, was ich für die deutsche Literatur vorbildlich und erzieherisch fand, ich werde es verehren bis nach Lugano und an das Ligurische Meer, aber ich erkläre mich ganz persönlich für den neuen Staat, weil es mein Volk ist, das sich hier seinen Weg bahnt. Wer wäre ich, mich auszuschließen, weiß ich denn etwas Besseres – nein! Ich kann versuchen, es nach Maßgabe meiner Kräfte dahin zu leiten, wo ich es sehen möchte, aber wenn es mir nicht gelänge, es bliebe mein Volk. Volk ist viel! Meine geistige und wirtschaftliche Existenz, meine Sprache, mein Leben, meine menschlichen Beziehungen, die ganze

Summe meines Gehirns danke ich doch in erster Linie diesem Volke. Aus ihm stammen Ahnen, zu ihm kehren die Kinder zurück. Und da ich auf dem Land und bei den Herden groß wurde, weiß ich auch noch, was Heimat ist. Großstadt, Industrialismus, Intellektualismus, alle Schatten, die das Zeitalter über meine Gedanken warf, alle Mächte des Jahrhunderts, denen ich mich in meiner Produktion stellte, es gibt Augenblicke, wo dies ganze gequälte Leben versinkt, und nichts ist da als die Ebene, die Weite, Jahreszeiten, Erde, einfache Worte –: Volk. (...)

Auszug aus: Gottfried Benn, Sämtliche Werke, Stuttgarter Ausgabe. In Verb. m. Ilse Benn hrsg. v. Gerhard Schuster, Band 4: Prosa II (1933–1945), Klett-Cotta, Stuttgart 1989, S. 24 ff.

Aufgaben

1. Prüfen Sie den Argumentationsgang des Textes und deuten Sie die formalen Eigenheiten.
2. Erörtern Sie die von Benn aufgeworfene Frage der Stellung des Schriftstellers zum „Nationalen" (Zeile 16) vor dem Hintergrund des Nationalsozialismus.

Erster Arbeitsschritt: Sichtung der Aufgabenstellung und kursorisches Lesen des Textes

Überschrift und Datum der Abhandlung (25. 5. 1933) liefern wichtige Hinweise auf Inhalt und Stoßrichtung der Argumentation. Ein knapp vier Monate nach Hitlers Machtergreifung in einer Berliner Zeitung abgedruckter Artikel zu einem kulturpolitischen Thema – hier die Emigration führender Schriftsteller aus Nazi-Deutschland – nimmt Partei für die NS-Ideologie und steht ganz unter dem Eindruck der Umwälzung in Deutschland, die damals noch von weiten Kreisen der Bevölkerung enthusiastisch begrüßt wurde.
Der Lyriker Gottfried Benn war literarisch Interessierten schon bekannt, seine Stimme hatte Gewicht. Um so erstaunlicher ist es aus heutiger Sicht, dass er sich 1933 als einer der wenigen Intellektuellen aus der Zeit der Weimarer Republik klar für Hitler ausspricht. Offenbar wird die Kanzlerschaft Hitlers als fast religiöses Ereignis betrachtet, ist doch von „schöpferischer Wucht" (Zeile 22f.) und einer „schicksalsbestimmten Arbeit" (Zeile 19f.) die Rede. Schon die Sprache zeigt, dass hier nicht sachlich-politisch, sondern unter Berufung auf irrationale Größen wie „Nation", „Volk" und „Natur" argumentiert wird. Emotionen werden zu Beweisgründen, die Vernunftgründe bewusst negiert.
Thesen werden zwar begründet, aber nicht nach den Gesetzen der Logik, sondern unter Berufung auf „erlebnismäßig, nicht abstrakt" (Zeile 13) Erfahrenes. Das macht Kritiker mundtot, denn man kann ihnen jederzeit vorwerfen, dass sie nicht fähig sind, das Wesentliche der Umgestaltung in Deutschland „in sich wach-

sen zu fühlen" (Zeile 14). Eine Auflistung der Vor- und Nachteile der neuen politischen Ordnung erfolgt nicht, weil sie den „Spannungen" (Zeile 5) der neuen Zeit keine Rechnung tragen könne. So nennt Benn keine konkreten Maßnahmen Hitlers, sondern verweist immer nur auf seine Gefühle, die – so soll man schließen – die Gefühle des (einfachen) Volkes sind.

Zweiter Arbeitsschritt: Erschließung des Inhalts, der Form und der Intention des vorgegebenen Textes

Zeitliche Einordnung und Stoßrichtung des Textes sind Ihnen im ersten Arbeitsschritt in groben Umrissen deutlich geworden. Im Einzelnen ließe sich die Pro-Hitler-Argumentation folgendermaßen auffächern:

- Wer in den letzten Monaten (Anfang 1933) nicht in Deutschland war, könne sich kein reales Bild von den Verhältnissen machen (vgl. Zeile 1 – 11).
- Der Umbruch in Deutschland sei erstaunlich, das Nationale sei eine starke, oft verkannte Kraft (vgl. Zeile 12 – 25).
- Im Brief von Exilanten persönlich angegriffen, bekennt sich Benn ausdrücklich zum neuen Staat, weil „es mein Volk ist" (Zeile 34f.).
- Alles Negative der Vergangenheit wie Industrialismus und Intellektualismus – was er schon immer in seiner Kunst bekämpft habe – könne nun endlich überwunden werden (vgl. Zeile 44 – 49).

Benn greift die Vertreter der Exilliteratur – zu ihnen zählt auch der Nobelpreisträger Thomas Mann – vehement an, geht aber auf die ihnen gemachten Vorwürfe nur sehr allgemein, auf die Gründe für die Flucht aus Deutschland, also beispielsweise die rassistische Verfolgung jüdischer Autoren, überhaupt nicht ein. Er stellt sich und sein Werk als national dar, was mit der Ablehung von Großstadtkunst, „Industrialismus" und „Intellektualismus" (Zeile 44) untrennbar verbunden sei. Damit nimmt er klar gegen den Expressionismus, der beherrschenden Kunstrichtung der zwanziger Jahre, Stellung. Zugleich betont er in einer weihevoll-pathetischen Sprache – wie die Exilliteraten – die gegenseitige Abhängigkeit von Kunst und Politik, kommt aber zu ganz anderen Schlussfolgerungen: Die Literatur dürfe sich nicht gegen den Volkswillen, den Hitler repräsentiere, stellen und sich zum Richter über die neue Politik Deutschlands machen.

Dritter Arbeitsschritt: Erstellen eines Konzeptes zur Bearbeitung der Aufgaben

Zunächst muss Benns Position bestimmt werden, bevor Sie seine Argumente gewichten und ggf. die Position der literarischen Emigranten skizzieren und beides vergleichen. Dieser rhetorische Dreischritt muss in der Conclusio zu einer kla-

ren – begründeten – Meinungsäußerung führen. Ein schlichter Vergleich genügt nicht.
Weisen Sie bei Aufgabe 2 in der Einleitung auf Ihre Vorgehensweise hin, folgen Sie im Hauptteil dann dem rhetorischen Dreischritt und nutzen Sie den Schlussteil für eine persönliche Stellungnahme, einen Ausblick auf die Jahre nach 1933. Oder beziehen Sie aktuellere Fragen, die mit der Thematik korrespondieren, ein (z. B. Rolle der Schriftsteller im Kalten Krieg, im Vietnam-Krieg, beim Zusammenbruch des Kommunismus usw.), sofern Sie dies im Unterricht behandelt haben. Im Kern sollen Sie aber Benns Position erörtern, müssen sich also in seine Vorstellungswelt hineindenken und zunächst möglichst neutral die Textintention wiedergeben.

Vierter Arbeitsschritt: Formulierung einer Analyse der Textvorlage und einer selbstständigen Erörterung

Aufgabe 1

Es kann hier nicht darauf ankommen, wertend zu beschreiben. Zunächst sollten auch die seltsamen, aus heutiger Sicht auch z.T. gänzlich unverständlichen Sichtweisen Benns sachlich vorgestellt werden. Sie können sich kurz fassen, Benn beschränkt sich auf nur wenige Thesen, die Sie bei Arbeitsschritt 2 bereits herausgefunden haben dürften.

Aufgabe 2

B. Hauptteil

Politik und Literatur sind von der Sache her eng miteinander verbunden. In der NS-Zeit ist für alle deutlich geworden, dass es keine Insel des Unpolitischen gibt, auf die sich ein Künstler bei Bedarf zurückziehen kann.
Nach der Machtergreifung der Nationalsozialisten haben viele prominente Schriftsteller wie Thomas und Heinrich Mann, Lion Feuchtwanger oder Bertolt Brecht Deutschland verlassen bzw. wurden ausgebürgert. Sie verurteilten die politische Entwicklung in Deutschland und riefen z. B. über ausländische Rundfunksender zum Sturz Hitlers auf. Sie wollten sich nicht damit abfinden, dass Juden nicht mehr veröffentlichen durften und der Name Heinrich Heine nicht mehr in Schulbüchern stehen sollte.
Gleichzeitig blieben sie deutsche Schriftsteller, die Hitler und den Nationalsozialisten nicht das Monopol über alles „Deutsche" überlassen wollten. In jenen Jahren sind in England, den Niederlanden oder den USA mit die wichtigsten Werke der deutschen Literatur des zwanzigsten Jahrhunderts entstanden. Gerade im Widerstand gegen Hitler, der 1933 viel Mut erforderte, zeigte sich, dass viele Schriftsteller mehr politisches Gespür hatten als Wirtschaftsführer oder Berufspolitiker jener Zeit.

Der Lyriker Gottfried Benn stellt sich dagegen in seinem öffentlichen Brief an die literarischen Emigranten vom Mai 1933 eindeutig auf die Seite Hitlers und verurteilt die Kritik an der neuen Führung Deutschlands. Wer nicht in Deutschland geblieben sei, habe auch nicht das Recht, über die politischen Verhältnisse zu urteilen.
Diese Hauptthese wird mit einer sehr langen Aufzählung, die die Hektik des Aufbruchs und die Euphorie des Neubeginns spiegelt, begründet (vgl. Zeile 4 – 11). Benn spricht in seiner poetischen Sprache davon, dass man „den (...) Begriff des Volkes nicht gedanklich, sondern erlebnismäßig, nicht abstrakt, sondern in gedrungener Form in sich wachsen fühlen" muss (Zeile 12ff.), um die historische Vorgänge angemessen beurteilen zu können. Immerhin räumt er ein, dass in den Wochen und Monaten vor dem Januar 1933 viele gelitten haben (vgl. Zeile 9f.).

Erstaunlich, dass über die Gründe der Emigration gar nicht gesprochen wird und Benn indirekt voraussetzt, dass alle Gegner Hitlers Deutschland freiwillig verlassen haben, obwohl schon damals jüdische Künstler verfolgt wurden und Kommunisten mit KZ-Haft bedroht waren. Gerade Juden wurde von den Nationalsozialisten die Zugehörigkeit zum deutschen Volk geradezu abgesprochen, da erscheint es mehr als verwunderlich, wenn Benn die Emigranten, also auch die jüdischen, auffordert, sich zum Volk und zum Nationalen zu bekennen.

Fünfter Arbeitsschritt: Durchlesen und Korrektur der Arbeit

Konzentrieren Sie sich zunächst auf Textkohärenz und die folgerichtige Gedankenentwicklung, vor allem beim Eigentext. Korrigieren Sie Ausdrucksfehler, Rechtschreibung und Zeichensetzungen. Überprüfen Sie erneut die Variabilität des Ausdrucks und streichen Sie Wiederholungen.
Gerade bei der Analyse schwieriger Primärtexte müssen Paraphrasen vermieden werden und Zitate genau sein.

9. Übungsklausur / Literatur Rudolf Walter Leonhardt, Argumente für und gegen Literaturkritik

Rudolf Walter Leonhardt: Argumente für und gegen Literaturkritik

Ein ziemlich irrationaler Gegenstand versuchsweise rationaler Überlegungen sei definiert als jene Art von „Buchbesprechung" oder „Rezension", wie sie die Feuilletons der Zeitungen und Zeitschriften und die Kultursendungen des Rundfunks füllt. Ihr Bereich liegt zwischen Buchbeschreibungen, Buchanzeigen, Klappentexten auf der einen, Literaturgeschichte und Literaturwissenschaft auf der anderen Seite.

PRO:

1. Jedes Buch ist, unter anderem, auch eine Ware, es wird verkauft und gekauft; es muß daher Leute geben, die uns sagen können, ob die jeweilige Ware gut ist oder schlecht.
2. Die Literaturkritik ist unentbehrlich für jenes Milieu des Literaturbetriebs, in dem und von dem die Literatur lebt.
3. Was sollten die Zeitungen sonst neben die Verlagsanzeigen drucken?
4. Literaturkritik ist aktuelle Literaturgeschichte und als solche eine höchst willkommene Vorarbeit für künftige Literaturhistoriker.
5. Literaturkritik hält der Literatur, die sich sonst selber gar nicht reflektieren könnte, einen Spiegel vor.
6. Alle Verleger und alle Autoren wollen, daß ihre Bücher besprochen werden. Legendäres Zitat eines legendären Verlegers: Ein großer Verriß ist mir lieber als ein kleines Lob.
7. Gute Literaturkritik ist selber Literatur.

CONTRA:

1. Heute werden in Deutschland diejenigen Leute Kritiker, bei denen es zu eigenen Produktionen nicht ganz reicht. Lessing, Goethe, Schiller, Schlegel waren Dichter und Kritiker zugleich; Grass, Johnson, Walser, Handke sind aus guten Gründen als Kritiker kaum hervorgetreten.
2. Beinahe unerträgliche Anmaßung wird gefordert von einem Kritiker, der den Stab brechen will oder soll über ein Buch, mit dem er sich drei Tage beschäftigt hat – während der Autor drei Jahre brauchte, dieses Buch zu schreiben. (Die Fristen wollen verstanden werden als ein Mittelwert aus zehn Minuten und zehn Jahren.)
3. Im heutigen Literaturbetrieb, von der Buchmesse bis zum PEN-Kongreß, werden Schriftsteller und Kritiker, „Literaten" beide, dauernd durcheinandergewirbelt – was zu Modellen führt wie: er schreibt, sie schreibt Kritiken (oder umgekehrt). Nur Übermenschen bleiben von solchen Verfilzungen ganz frei. Aber wer will Übermenschen als Literaturkritiker?

4. Auch manchen an ihre Unfehlbarkeit unerschütterlich glaubenden Literaturpäpsten wird unheilig zumute, wenn sie sich klarmachen, daß sie zu Vermögensverteilern avanciert werden; denn das Wort eines bekannten Kritikers kann ein Buch killen.
5. „Verrisse" sind so viel leichter interessant zu schreiben und fördern das „Image" des Kritikers als eines mutigen Menschen so viel mehr.
6. Innerhalb welchen Bezugsrahmens eigentlich läßt sich ein Buch für sich selber beurteilen? Geht es dann nicht doch am Ende immer wieder nach einer Variante unglückseliger Aufsatzthemen: Was hat Schiller hier gewollt – und hat er es erreicht? (...)

CONCLUSIO:

Ich halte einige der Argumente, pro wie contra, die ich immer wieder gehört und hier so unvoreingenommen wie möglich wiederzugeben mich bemüht habe, für unnötig boshaft. Ich halte auch die Literaturkritik für unnötig boshaft. In ihren Anfängen wurde Literaturkritik getragen vom Enthusiasmus für den Gegenstand der Betrachtung. Wenn Lessing gegen den Hauptpastor oder wenn Heine gegen Platen polemisieren wollte, dann nannten sie das nicht Literaturkritik. Heute enthält schon das Wort „Kritik", das doch eigentlich Sichtung, Unterscheidung bedeutet, einen polemischen Unterton.
Ich bin überzeugt, daß es Literaturkritik geben wird und geben muß, solange es Literatur gibt. Ich glaube aber auch, daß die derzeit noch vorherrschende Form der Literaturkritik, bei der Rezensenten, oft sogar anonyme Dunkelmänner (und Dunkelfrauen), mit Büchern und/oder ihren Autoren abrechnen (wobei sich durchaus auch eine positive Bilanz ergeben mag), sich überholt hat. An ihre Stelle werden auf der einen Seite wissenschaftlichere Betrachtungsformen (Analysen, Überblicke, Vergleiche), auf der anderen „Leserhilfen" treten. Die Polemiken werden natürlich auch dann weitergehen – aber vielleicht können ihre Urheber dazu veranlaßt werden, das feierliche Gewand der „Kritik" abzulegen.

Rudolf Walter Leonhardt, Argumente für und gegen Literaturkritik, in: Walter Jens (Hg.), Literatur und Kritik aus Anlaß des 60. Geburtstages von Marcel Reich-Ranicki, Stuttgart 1980, S. 114 ff.

Aufgaben

1. Geben Sie den Inhalt des Textes in Thesenform wieder.
2. Prüfen Sie den Argumentationsgang des Textes und die Stringenz der Conclusio.
3. Verfassen Sie unter Berücksichtigung des Textes und eigener Überlegungen eine neue Conclusio.

Erster Arbeitsschritt: Sichtung der Aufgabenstellung und kursorisches Lesen des Textes

Die sich aus drei Teilen zusammensetzende Aufgabenstellung verlangt eine Textbearbeitung mit knapper Inhaltserfassung sowie eine Bewertung der Vorlage. Schließlich wird von Ihnen eine neue kreative Umsetzung der Conclusio, einer entscheidenden Textpassage also, erwartet. Dabei bleibt Ihnen die Wahl, der Pro- und Contra-Argumentation der Textvorlage zu folgen oder sie grundsätzlich umzukehren.
Thematisch ist ausschließlich vom Selbstverständnis und von der Funktion gegenwärtiger Literaturkritik sowie von Wünschen/Ansprüchen für die/an die Zukunft die Rede.
Die Literaturkritik ist seit jeher umstritten. Schriftsteller fühlen sich von Kritikern oft verkannt, Leser sind vom Urteil professioneller Kritiker nicht selten irritiert und die Liste der heute viel gepriesenen und gelesenen Autoren, die von zeitgenössischen Kritikern verrissen wurden, ist lang. Gleichwohl hat die Literaturkritik nicht nur im Feuilleton von Tageszeitungen, sondern auch in Rundfunk, Fernsehen und neuerdings auch im Internet einen festen Platz.

Zweiter Arbeitsschritt: Erschließung des Inhalts, der Form und der Intention des vorgegebenen Textes

Zunächst wird in den Zeilen 1 – 7 eine Definition von „Rezension" bzw. „Buchbesprechung" vorgenommen. Damit ist auch das Thema vorgegeben, das dann dialektisch erörtert wird.
Die Pro- und Contra-Argumente beschränken sich auf wenige Thesen ohne Begründungen und Beispiele. Die Conclusio stellt Forderungen und gibt eine Prognose vor:

Pro (Zeile 8 – 23):
- Ein Buch ist eine Ware, die beurteilt werden muss.
- Literaturkritik ist für das „Milieu" unentbehrlich.
- Kritik dient der Literaturgeschichtsschreibung.
- Autoren möchten besprochen werden.
- Literaturkritik kann selbst zu Literatur werden.

Contra (Zeile 24 – 51):
- Kritiker heute sind gescheiterte Schriftsteller.
- Ein oft über Jahre entstandenes Buch in einer Kritik zu beurteilen ist Anmaßung.
- Im Literaturbetrieb gibt es viele Abhängigkeiten, ja Verfilzungen.
- „Literaturpäpste" entscheiden über wirtschaftlichen Erfolg eines Buches/Autors.

- Nur wer viele Bücher verreißt, gilt als mutig.
- Welcher Bezugsrahmen dient als Maßstab?

Conclusio (Zeile 52 – 72):
- Die Literaturkritik ist unnötig boshaft.
- Kritik wird und muss es immer geben.
- Eine Abrechnung mit Autoren ist überholt.
- Wissenschaftliche Analysen und Lesehilfen werden die herkömmliche Kritik ersetzen.

In der Conclusio findet sich auf der Stilebene zunächst eine bewusste Wiederholung „unnötig boshaft" (Zeile 55 und 56). Damit macht der Autor sein Grundverständnis heutiger Literaturkritik deutlich, das er im Argumentationsgang vorbereitet hat. Diese Einschätzung kontrastiert er in den Zeilen 56 – 61 mit dem vorbildlicheren Umgang mit Literatur und Kritik zu Zeiten Heinrich Heines, also vor mehr als 150 Jahren. Offenbar wünscht er eher Beratung als Beurteilung und sieht heutige Kritiker als unbarmherzige Richter, die sich anmaßen, ein endgültiges Urteil über Romane, Lyrikbände oder Theaterstücke zu fällen, obwohl sie selbst nie Primärliteratur produziert haben und dazu auch nie in der Lage wären. Die Stringenz der Conclusio lässt schon deshalb zu wünschen übrig, weil mehr behauptet als argumentiert wird. Die Thesen selbst sind tendenziell. Man kann an der Auswahl und an der sprachlichen Fassung der Pro- und Contra-Thesen die Einstellung des Verfassers erkennen. Wer z. B. vom „Milieu" (Zeile 12) und von „Literaturpäpsten" (Zeile 42) redet, der wählt diese pejorativen Ausdrücke, um die heutige Literaturkritik pauschal abzuwerten. Dem dient auch die Berufung auf eine vermeintliche Verfilzung zwischen Verlagen, Autoren und wichtigen Kritikern.
Fragwürdig erscheint auch der Blick in die Vergangenheit mit der Erwähnung prominenter Autoren des 18. und 19. Jahrhunderts, denn die heutige Kulturlandschaft unterscheidet sich doch radikal von den Verhältnissen vor hundert oder gar zweihundert Jahren.

Dritter Arbeitsschritt: Erstellen eines Konzeptes zur Bearbeitung der Aufgaben

Der dialektische Dreischritt ist schon in der Aufgabenstellung angelegt. Da Sie nur eine neue Conclusio formulieren sollen, müssen Sie lediglich die Pro- und Contra-Argumente rekapitulieren, damit Sie die Thesen oder Gegenthesen nicht nur wiederholen. Sie dürfen in der Conclusio den Thesen bzw. Gegenthesen nicht einfach widersprechen. Sie müssen sie zusammenführen, um eine neue Qualität des Argumentationszusammenhanges zu erreichen. Setzen Sie sich aber deutlich von der vorgegebenen Lösung ab, sonst gelangen Sie zu keiner Alternative. Im Grunde müssen Sie in gewisser Weise Pro und Contra vertauschen, um zu einer

neuen Lösung zu kommen. Eine Conclusio mit einer gegenteiligen Aussage stellt für sich schon eine Kritik an Leonhardt dar, denn Sie machen deutlich – was hier von der Sache her auch zutrifft –, dass keine strenge Dialektik vorliegt, die Conclusio sich also nicht zwangsläufig nach den Gesetzen der Logik ergibt. Was der Autor sicher auch nicht beabsichtigt hat. Er spielt in gewisser Weise mit der Dialektik und ist sich sicher im Klaren, dass er eine kontroverse Position „scheinlogisch" begründet um eine öffentliche Auseinandersetzung zu initiieren (zum dialektischen Schlussverfahren vgl. ausführlich die 4. Musterklausur in diesem Buch, S. 79).
Dennoch muss eine neue Conclusio eine innere Logik aufweisen, darf also nicht nur unzusammenhängende Thesen aufreihen.
Der Text ist fast zwanzig Jahre alt, Ihre Conclusio kann auf neuere Entwicklungen Bezug nehmen und sollte eine innere Spannung aufweisen. Dies kann z. B. dadurch erfolgen, dass Sie mit aktuellen Beispielen beginnen und mit Grundsatzüberlegungen enden.

Vierter Arbeitsschritt: Formulierung einer Analyse der Textvorlage und einer selbstständigen Erörterung

Aufgabe 2

Im Kern sollten Sie in Aufgabe 2 zu folgendem Fazit gelangen:

> Rudolf Walter Leonhardt plädiert in seinem Beitrag aus dem Jahre 1980 für eine sachlichere Literaturkritik, will Polemiken zurückdrängen und eher „wissenschaftlichere" (Zeile 68) Formen der Literaturbetrachtung wie Vergleiche einzelner Neuerscheinungen mit anderen Büchern und Autoren, Überblicke und Analysen, die er allerdings nicht spezifiziert, in den Vordergrund stellen. Er erhofft sich davon mehr Akzeptanz beim Publikum und einen Gewinn für die Literatur überhaupt.
> Er schreibt dies in einer Festschrift für Marcel Reich-Ranicki, einem auch aus dem Fernsehen bekannten Literaturkritiker, der eher für seine zum Teil recht drastischen Kritiken als für abgewogene Urteile berühmt ist. Leonhardt distanziert sich hier also in gewisser Weise von Reich-Ranicki.

Aufgabe 3

Bei der Bearbeitung der dritten Aufgabe könnten Sie als Schwerpunkt die veränderte Medienentwicklung seit 1980 und deren Auswirkungen auf die Literaturkritik in den Blick nehmen:

Conclusio

Literaturkritik ist heute auch ein Fernsehereignis, Sendungen wie das „Literarische Quartett" im ZDF finden ein Millionenpublikum. Dort empfohlene Bücher werden nicht selten zu Bestsellern, Buchhandlungen hängen regelmäßig die „Hitlisten" von Büchern aus, die in Radio, Fernsehen oder zunehmend auch im Internet besprochen werden.
Literarische Sendungen im Fernsehen werden vielfach kritisiert, weil man sich z.B. für vier- oder fünfhundert Seiten starke Romane gerade mal zehn Minuten Zeit nehme, über Hintergründe zu wenig informiere und reine Geschmacksurteile fälle. Oft werde heftig und emotional über einzelne Autoren und Werke gestritten, die sachliche Analyse komme dabei viel zu kurz.

Offenbar zieht aber gerade diese oft polemische Auseinandersetzung das Publikum an, während rein informative Literatursendungen in den dritten Programmen der ARD nur wenige Fans haben, jüngere Leute praktisch überhaupt nicht ansprechen. Da Unterhaltung zur Literatur gehört, ist es doch nur natürlich, wenn über Literatur auch unterhaltend berichtet wird. Autoren äußern sich häufig auch nur dann abschätzig über diese Form der Literaturkritik, wenn ihre Bücher verrissen wurden, freuen sich aber im Prinzip doch über die Präsentation im Fernsehen, weil das ihr Buch ins Gespräch bringt und letztlich auch für höhere Auflagen sorgt. Schließlich werden hier auch Leute angesprochen, die normalerweise weder literarische Bibliotheken oder Buchhandlungen betreten noch Feuilletons seriöser Zeitungen lesen. Kultur sollte in der Demokratie nichts Exklusives sein und schließlich kann man das „Fernsehurteil" über ein Buch durch eigene Lektüre leicht überprüfen.

Verlage sind Wirtschaftsunternehmen und müssen für Werbung sorgen. Auch Werbespots für einzelne Bücher, die ein Kritiker gelobt hat, sind heute nicht mehr ungewöhnlich. Wer darüber die Nase rümpft, muss sich fragen lassen, ob die moderne deutsche Literatur sich wirklich von den neuen Medien abkoppeln sollte. Das Lesen schöngeistiger Literatur steht in Konkurrenz zu sich immer weiter ausdifferenzierenden Freizeitaktivitäten. Wer einen Rückzug in die Nischen der Literaturszene fordert, tut der Literatur keinen Dienst. Wenn Neuerscheinungen nur noch in kleinen Zirkeln von Eingeweihten diskutiert werden, so steigt vielleicht das Niveau der Kritik, nicht aber die öffentliche Wirksamkeit. Jeder Autor wünscht sich aber viele Leser, deshalb ist eine Literaturkritik, auch wenn sie gelegentlich oberflächlich wirkt und Bücher marktschreierisch anpreist oder ablehnt, immer noch vorteilhafter für Leser, Schriftsteller und Verlage als die wissenschaftliche Textanalyse, die weitgehend unverständlich bleibt.
Ein Schriftsteller braucht das Publikum, das aber angesichts von mehreren tausend Neuerscheinungen im Jahr eine Orientierung braucht, die Kritiker liefern können und müssen. Wer Kritik ausschalten möchte, liefert die Leser den Werbestrategen der Verlage oder Zufallsempfehlungen aus dem Bekanntenkreis aus.

Eine fundierte Orientierung muss knapp und prägnant sein und sollte ggf. vor klaren Einschätzungen nicht zurückschrecken, denn als Leser interessieren mich weniger die Biografie des Autors, die allgemeine kulturelle Lage oder die Probleme beim Niederschreiben des Romans, sondern einzig und allein die Frage, ob ich dreißig oder vierzig Mark ausgeben soll, mir diesen Roman zu kaufen, und etliche Stunden Freizeit investieren soll, ihn zu lesen. Skeptisch wäre ich auch, wenn sich Schriftsteller nur noch gegenseitig kritisieren. Gefälligkeitsurteile dürften dann zur Regel werden. Wer der Öffentlichkeit einen Roman, eine Kurzgeschichte oder ein Gedicht anbietet, darf sich vor Kritik nicht fürchten. Wenn Autoren nur für Autoren schreiben, braucht es keine Verlage oder Buchhandlungen, man könnte sich auch privat oder auf Schriftstellerkongressen die jeweiligen Neuerscheinungen vorstellen.

Kritik muss manchmal auch wehtun, wie wir alle in Schule und Elternhaus erfahren haben. Dabei darf es nicht zu persönlichen Herabsetzungen kommen. Aber ein schlechtes Buch sollte man auch ein schlechtes Buch nennen können, wenn die Beurteilungskriterien in der Kritik benannt werden. Da wir in einer offenen Gesellschaft leben, heben sich auch viele Urteile gegenseitig auf. Fehleinschätzungen einzelner Kritiker können so korrigiert werden. Auch der Buchmarkt sollte den Gesetzen von Angebot und Nachfrage unterliegen; ein Produkt, das keine Abnehmer findet, kann sich auf Dauer nicht am Markt behaupten. Für fast alle Produkte kann man heute z.B. über die „Stiftung Warentest" Prüfungsberichte mit einer nach Schulnoten gestaffelten Wertung beziehen. Für den Buchmarkt muss das die Literaturkritik leisten, denn in gewisser Weise sind Leser auch Verbraucher. Falsch wäre es, Kultur mit einer Aura zu umgeben, die die Konsumenten abschreckt.

Fünfter Arbeitsschritt: Durchlesen und Korrektur der Arbeit

Fragen Sie sich, ob die innere Logik Ihrer Abhandlung wirklich überzeugt, ob sich nicht noch treffendere Ausdrücke finden lassen und ob Zeichensetzung und Rechtschreibung fehlerfrei sind. Oft ist der Satzbau zu komplex, der Wortschatz zu einfallslos. Der Ausdruck muss eigens überprüft werden, weil man häufig zu umgangssprachlich formuliert oder Textpassagen mehr oder weniger wörtlich übernimmt.
Die Conclusio darf im Umfang von der Vorlage abweichen, muss sich aber dem Argumentationszusammenhang anpassen.

10. Übungsklausur
Oscar Wilde über den äußeren Schein

> Oberflächlich ist der, der im Umgang mit Menschen
> nicht auf den äußeren Schein achtet!
>
> Oscar Wilde (englischer Schriftsteller 1854–1900)

Aufgabe

Verfassen Sie unter Bezugnahme auf das Wilde-Zitat eine Erörterung zum Problem der äußeren Erscheinung im Umgang mit anderen Menschen.

Erster Arbeitsschritt: Sichtung der Aufgabenstellung

Bei einer so genannten freien Erörterung ist Ihnen kein Text vorgegeben, in dem ein längerer Gedankengang entwickelt wird. Nur das Thema oder ein kurzes Zitat dienen als inhaltliche Orientierung. Um so wichtiger ist es, die Aufgabe genau zu bedenken, damit nicht am Thema vorbei geschrieben wird. Zwar dürfen Sie einen ganz individuellen Zugang wählen und sich in Inhalt und Tendenz ganz von eigenen Überlegungen leiten lassen, nur muss Ihre Erörterung eben zur Sache sprechen und nicht vom Thema ablenken oder ganz unterschiedliche Themen behandeln. Sinnvollerweise werden Sie dabei auf im Deutschunterricht der Kursstufe ausführlicher behandelte literarische Werke eingehen.
Zunächst glaubt man, das Zitat zweimal lesen zu müssen. Der englische Schriftsteller Oscar Wilde spielt bewusst mit einer uns bekannten Alltagsfloskel, wonach der äußere Schein ja gerade nichts über das Wesen eines Menschen aussage und man sich folgerichtig immer bemühen müsse, hinter die Fassade zu schauen. Wilde verlangt nun das genaue Gegenteil.

Zweiter Arbeitsschritt: Sammlung von Ideen zur Bearbeitung der Aufgabe

Da Sie bei der freien Erörterung nicht auf eine Textvorlage zurückgreifen können, kommt der Ideensammlung eine ganz entscheidende Rolle zu. Nehmen Sie sich ausreichend Zeit, um zu überlegen, was für und gegen Wildes These sprechen könnte. Auch sollten Sie sich zunächst klar machen, was man alles unter dem Äußeren eines Menschen verstehen kann; dies reicht von der physischen

Gestalt über Haut- und Haarfarbe bis zur Mode oder zum Körperschmuck. Die derzeit sehr beliebten Tätowierungen oder Piercings sind ebenfalls in die Überlegungen mit einzubeziehen.
Auch wenn Ihnen Wildes These überhaupt nicht einleuchtet, versuchen Sie Argumente für seine Sicht der Dinge aufzulisten.
Stellen Sie dann über Cluster oder Pro- und Contra-Listen zusammen, was Ihnen zu Äußerlichkeiten in den Sinn kommt, welche Themenfelder berührt werden könnten (z. B. Mode, Kunst, Religion usw.).

Dritter Arbeitsschritt: Erstellen eines Konzeptes zur Bearbeitung der Aufgabe

Einleitung, Hauptteil und Schluss sollten jeweils auf eine Generalthese bezogen sein. Lassen Sie den Leser von Anbeginn an nicht im Unklaren darüber, welchen Standpunkt Sie vertreten; eine Erörterung ist kein Rätsel. Das Zitat gibt das Problem vor. Entscheidenden Sie sich für Wilde, gilt es, das Zitat durch weitere Thesen zu erläutern sowie durch Argumente und Beispiele zu veranschaulichen (Fall A). Alternativ können Sie auch gegen Wilde Stellung beziehen und die Bedeutungslosigkeit des Äußeren im menschlichen Umgang erläutern (Fall B). Auch eine Zwischenposition ist möglich, hier aber argumentativ schwer zu stützen.
Einen Spannungsbogen bauen Sie auf, wenn sie von Alltagsthemen (z. B. Mode) zu Grundsatzthemen (z. B. Religion/Philiosophie) übergehen.

CLUSTER
Äußerer Schein und Religion

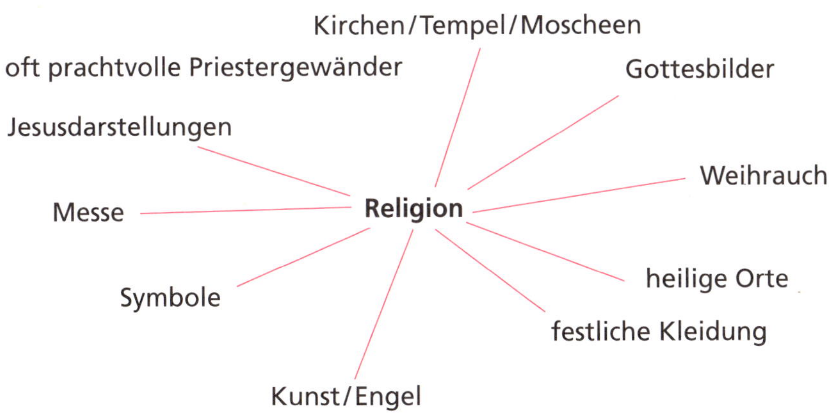

Fall A (Feingliederung)

A. Einleitung (historischer Bezug: Antike)

B. Hauptteil
   B. 1 Generalthese (Erklärung des Wilde-Zitates)
   B. 2 (Eigenthesen: Mode)
   B. 3 (Eigenthesen: Uniform)
   B. 4 (Eigenthesen: unveränderliche Merkmale)
   B. 5 Fazit (äußerer Schein und Religion)

C. Schluss (Ausblick auf zukünftige Entwicklung)

Vierter Arbeitsschritt: Formulierung einer selbstständigen Erörterung

Beispiel: Fall A

A. Einleitung

Schon in der Antike gab es das Idealbild eines Menschen, wie die zahlreich erhaltenen Statuen von Helden, Göttern und Göttinnen noch heute veranschaulichen. Obwohl man von den Sagengestalten zumeist nur ihre Taten oder ihre Klugheit überlieferte, wurden sie doch immer als schöne makellose Menschen dargestellt. In ihrem Äußeren sollte sich ihr Innerstes spiegeln. Schon dies allein ist Grund genug, das Zitat des englischen Schriftstellers Oscar Wilde, wonach oberflächlich alle die sind, die das Äußere eines Menschen nicht beachten, genauer zu betrachten.

B. Hauptteil

B. 1

Ob das Äußere eines Menschen wichtiger ist als das Innere, braucht dabei nicht diskutiert zu werden. Oscar Wilde will keineswegs ein nur auf Äußerlichkeiten ausgerichtetes Menschenbild, ihm geht es natürlich auch um Charakter, Grundüberzeugungen und seelische Eigenschaften einer Person. Im Unterschied zur allgemeinen Auffassung meint er aber, dass zwischen Innerem und Äußerem ein unauflöslicher Zusammenhang bestehe. Er verschiebt nur die Gewichte. Während man gemeinhin annimmt, ein moderner, konservativer, gleichgültiger oder strebsamer Mensch sei nur eine innere Gegebenheit, sagt er, dass sich dies im Äußeren der Person spiegele. Vor diesem Hintergrund ist das Wilde-Zitat zu analysieren.

B. 2

Bei längerem Nachdenken erscheint Wildes These durchaus plausibel. Mode, Haartracht oder Körperbau sagen viel über einen Menschen und es gibt wohl niemanden, der bei der Begegnung mit einem Fremden darüber hinwegsieht. Es ist auch falsch, das Äußere völlig zu ignorieren. Jeder, der in bedrohlichen Situationen einem Bewaffneten begegnet, wird daraus seine Schlüsse ziehen. Warum sollte dies nicht auch in Alltagssituationen Gültigkeit haben. Wir selbst machen uns schließlich auch Gedanken, zu welchem Ereignis wir welches Kleidungsstück anziehen, welche Frisur wir wählen, welchen Schmuck wir anlegen usw. Offenbar ist uns innerlich bewusst, dass das Äußere viel über unsere Person aussagt und wir wollen uns dem anderen in bestimmter Art und Weise präsentieren.

B. 3

Nicht zufällig tragen Respektspersonen überall in der Welt Uniformen, legen selbst primitive Völkerstämme eine Kriegsbemalung an und verstecken sich Verbrecher hinter Angst einflößenden Masken. Beim Rendezvous wollen wir schön sein, bei der Püfung seriös wirken und in der Disco „hipp" aussehen.

B. 4

Nun wird man einwenden können, dass die beeinflussbaren Äußerlichkeiten selbstverständlich etwas über die Person aussagen, dies doch aber nicht über angeborene Körpermerkmale wie Größe, Schönheit usw. gelten könne. Doch auch in diesem Falle ist Wilde in gewisser Weise zuzustimmen, denn ein besonders gut aussehender Mensch, der sich seiner Schönheit bewusst ist, wird im Umgang mit Dritten anders auftreten als ein eher hässlicher Mensch. (An dieser Stelle können Sie sich auf literarische Beispiele beziehen, die im Unterricht eingehender behandelt worden sind, z.B. auf Thomas Manns Novelle „Mario und der Zauberer".)

B. 5

Religiösen Vorstellungen scheint Wildes These nicht zu entsprechen, doch zeigt andererseits die christliche Kunst in der Vergangenheit, dass Jesus immer als schöner, sanftmütiger, fast fraulicher Mann dargestellt wird. Seine Züge sind ebenmäßig, er hat lange dunkle Locken, große Augen, mit denen er sozusagen über die Wirklichkeit hinaus sieht. Die Künstler berücksichtigen also im Grunde das, was Wilde von uns allen fordert. Den Gläubigen, die im Mittelalter zumeist weder lesen noch schreiben konnten, sollte allein der Anblick Jesu eine Vorstellung vom Gottesreich vermitteln.
Alle Religionen kennen mehr oder weniger prachtvolle Priestergewänder, heilige Symbole und feierliche Riten. Die Gläubigen ziehen an hohen Feiertagen eine besondere Kleidung an und beten z. T. sogar an heiligen Orten zu Bildern oder Statuen, die für sie das Göttliche verkörpern.

C. Schluss

Immer größer wird die Zahl derer, die in Fitness-Studios oder beim Schönheitschirurgen ihrem Körper zu einer neuen Gestalt verhelfen. Die Gentechnik macht es vielleicht bald möglich, Menschen nach bestimmten Mustern herzustellen. Dies mag erschreckend sein, aber es zeigt doch, dass die Menschen dem Äußeren eine viel größere Bedeutung zumessen als sie es im Gespräch oft zugeben.

Fünfter Arbeitsschritt: Durchlesen und Korrektur der Arbeit

Am Schluss Ihrer Klausurzeit sollten Ihnen mindestens noch 15 Minuten bleiben, um die Folgerichtigkeit und Klarheit der Darstellung noch einmal zu überprüfen, Rechtschreibung und Zeichensetzung zu kontrollieren und gegebenenfalls den Ausdruck zu verbessern. Da Sie ohne Vorlage einen recht ausführlichen Text abgefasst haben, treten häufig Flüchtigkeitsfehler, fehlende Worte oder falsche grammatische Anschlüsse auf, so dass Sie Ihren Text sicher zweimal lesen müssen.

Teil III

Anhang

Allgemeine Hinweise zum Verfassen einer Erörterung

Erster Arbeitsschritt: Sichtung der Aufgabenstellung und kursorisches Lesen des Textes

Die Formulierung der Prüfungsaufgaben verdient besondere Beachtung, denn der Erfolg Ihrer Arbeit hängt wesentlich davon ab, dass Sie den Erwartungshorizont, der jeder Prüfungsaufgabe zugrunde liegt, treffen. Neben der in aller Regel immer geforderten Sprach- und Formanalyse des Ausgangstextes wird im Rahmen der Erörterung gelegentlich ein Vergleich, eine Einordnung in größere Zusammenhänge oder auch eine Stellungnahme erwartet. Grundlage für alle diese Aufgaben ist eine Inhaltsklärung, die in groben Umrissen schon bei der Erstlektüre erfolgen sollte. Lesen Sie den Gesamttext deshalb zunächst zügig durch, auch wenn Ihnen einzelne Begriffe oder ganze Textpassagen jetzt noch Verständnisschwierigkeiten bereiten.
Mit Fragezeichen oder Randbemerkungen können Sie bereits die nächsten Arbeitsschritte vorbereiten.

Quellentexte können Auszüge aus Büchern, längeren Artikeln oder wissenschaftlichen Aufsätzen sein, aber auch als in sich geschlossene Abhandlung vorliegen. Zu unterscheiden ist weiterhin zwischen Primär- und Sekundärliteratur. Nicht unerheblich sind auch die jeweilige äußere Textgestalt, vom Schriftgrad bis zur Kolumneneinteilung, die Stilebene und die Tatsache, dass z. B. eine Übersetzung vorliegt. Ganz wesentliche Bearbeitungsschwerpunke ergeben sich aus dem Zeitpunkt der Abfassung des Textes, der Ihnen immer mitgeteilt wird, dem Fundort, dem Autor sowie der Textsorte.

Zweiter Arbeitsschritt: Erschließung des Inhalts, der Form und der Intention des vorgegebenen Textes

Schlüsseln Sie den Text zunächst nach Inhalt, Form und Aussage auf, auch wenn dies natürlich nicht der vom Autor gewünschten Rezeption entspricht; er hat seinen Text ja bewusst als Einheit konzipiert. Machen Sie sich immer klar, dass Inhalt und Form aufeinander bezogen analysiert werden müssen und stets zu überlegen ist, warum ein Autor diese oder jene Form für seinen Text wählt, bestimmte Stilmittel verwendet usw.

Markieren Sie die für die Aufgabenlösung besonders ergiebigen Textpassagen. Sie können z. B. auffällige formale und inhaltliche Elemente sofort verschiedenfarbig unterstreichen. Pfeile, Frage- und Ausrufezeichen sowie Plus- und Minuszeichen, mit denen Sie Zustimmung bzw. Ablehnung einzelner Thesen kennzeichnen, bereiten die eigene Stellungnahme vor.

Fassen Sie einzelne Absätze oder auch längere Passagen mit eigenen Worten zusammen und überlegen Sie, wo Zitate besser geeignet sind, Inhalte korrekt wiederzugeben. Ihr Text darf nicht paraphrasieren, also die Formulierungen des Textes weitgehend beibehalten, sondern muss nicht zuletzt auch eine eigene sprachliche Leistung erkennen lassen. Zitate sollten nicht überdehnt, aber auch nicht grundsätzlich vermieden werden. Schlüsselbegriffe und kürzere Definitionen kann man durchaus wörtlich – dann aber peinlich korrekt – aus dem Quelltext übernehmen.
Die Ihnen aus dem Unterricht geläufigen Vorgehensweisen bei der Textanalyse (Inhaltsangabe, Thesenzusammenfassung etc.) finden natürlich auch bei der textgebundenen Erörterung ihre Anwendung, beschränken sich aber auf zentrale inhaltliche und formale Aspekte.

Dritter Arbeitsschritt: Erstellen eines Konzeptes zur Bearbeitung der Aufgaben

Eine Erörterung wird nicht zuletzt danach beurteilt, wie Sie argumentieren, auch wenn der Inhalt Ihrer Aussagen nicht zu vernachlässigen ist. Anordnung und innere Struktur Ihres Argumentationsganges zeigen, wie weit Sie die Thematik durchdacht haben und wie geschickt Sie sie dem Leser präsentieren.

Bei allen Aufgabenteilen müssen Sie den Leser mit einer Einleitung auf die zu behandelnde Problematik hinführen, diese in einem längeren in sich wieder untergliederten Hauptteil entfalten und in einem Schlussteil ein Fazit ziehen. Darüber hinaus folgt die Erörterung bestimmten Argumentationsmustern, die in den Muster- und Übungsklausuren im Einzelnen erläutert worden sind. Im Vorfeld ist abzuklären, welches Argumentationsschema geeignet ist und wie man es inhaltlich füllen kann. Auch für Einleitungen und Schlussteile gibt es gewisse Standardtypen, die in den voran stehenden Klausuren vorgestellt und in den Beilagen noch einmal zusammengestellt sind (vgl. 4. Übersicht). Hierbei, wie bei allen Mustervorgaben, ist selbstverständlich eine individuelle Ausgestaltung einzelner Unterpunkte möglich und wünschenswert. Dennoch sollten Sie in jedem Fall ein Konzept erstellen, das Form, Kernthesen und Inhalt Ihrer Bearbeitung in Stichworten festlegt, bevor Sie den konkreten Schreibprozess beginnen. Verlassen Sie sich nicht auf die allmähliche Verfertigung der Gedanken beim Schreiben. Selbstverständlich lassen sich auch später noch Gliederungen präzisieren, indem Sie zum Beispiel Unterpunkte umstellen oder streichen und Argumentationsmuster variieren.

Vierter Arbeitsschritt: Formulierung einer Analyse der Textvorlage und einer selbstständigen Erörterung

Nichts ist fataler als in der Abiturklausur „draufloszuschreiben". Man merkt Ihrem Eigentext sofort an, ob er einer geplanten Struktur folgt oder nur Aspekte aneinanderreiht. Die sprachliche Gestaltung muss ebenfalls vorher bedacht werden. Stilebene und Länge der Abhandlung müssen sachgemäß sein. Ein komplizierter mehrseitiger Text lässt sich nicht in zwei oder drei Sätzen zusammenfassen, eine Stellungnahme zu ethisch bedeutenden Fragen wie etwa der Sterbehilfe darf nicht mit umgangssprachlichen Formulierungen gespickt sein. Vor allem bei der Darlegung von Gegenpositionen zu Ihren eigenen Thesen sind Präzision, Knappheit, aber auch sprachliche Angemessenheit dringend geboten.

Oft ist eine ausführliche Vorschrift angebracht, auch wenn dies natürlich individuell verschieden ist. Auf jeden Fall sollten Sie Stichworte und einzelne Formulierungen, ggf. auch längere schwierige Textpassagen zunächst in einer Kladde niederschreiben.
Die äußere Form Ihrer Klausur sollte zu keinen Klagen Anlass geben, auch wenn Streichungen, Wortverbesserungen, später eingefügte Anmerkungen und mit Pfeilen und Klammern vorgenommene Textumstellungen manchmal nicht zu vermeiden sind.

Die gelenkte Textanalyse wird in Lehrplänen und Rahmenrichtlinien fast aller Bundesländer gefordert und geht zumeist auch der Problemerörterung voraus. Beiden Aufgabenvarianten kommt dabei gleiches Gewicht zu. Sie sollten deshalb der Textarbeit genügend Zeit einräumen, da die Aufgaben aufeinander aufbauen, und sich erst danach dem eigenen Text zuwenden.

Eine persönliche Stellungnahme muss engagiert, aber rein argumentativ abgefasst sein; berücksichtigen Sie ausführlich Alternativen und stellen Sie vermeintlich Selbstverständliches in Frage. Nicht immer ist der erste Zugriff auf ein Thema haltbar. Lassen Sie sich nicht zu vorschnellen emotionalen Stellungnahmen hinreißen.

Fünfter Arbeitsschritt: Durchlesen und Korrektur der Arbeit

Vor Abgabe Ihrer Arbeit gilt es, den Gesamttext noch einmal konzentriert durchzulesen. Mängel in der gedanklichen Strukturierung, in der Absatzgliederung und in der Folgerichtigkeit Ihrer Argumentation können Sie jetzt noch erkennen und beheben.

Auch wenn zwischen Form und Inhalt kein sachlogischer Zusammenhang besteht – fehlerfreie Texte können höchst banal, fehlerhafte gedanklich sehr anspruchsvoll sein –, ist ein Korrektor immer irritiert, wenn sich in einem Aufsatz zahlreiche und schwerwiegende Verstöße gegen Rechtschreibungs- und Zeichensetzungsregeln sowie gegen Bestimmungen des korrekten Zitierens finden. Bei mehr als fünf Fehlern pro Seite müssen Sie darüber hinaus mit Punktabzügen rechnen, wobei allerdings die Ausdrucksfehler nicht berücksichtigt werden dürfen. Diese gehen jedoch in die Gesamtbewertung der sprachlichen Gestaltung Ihrer Klausur ein, was sich gerade in einer Deutscharbeit sehr negativ auf die Punktzahl auswirken kann.

Es wird erwartet, dass Sie die Fachterminologie – soweit Sie im Unterricht behandelt worden ist – nicht nur verstehen, sondern auch selbst verwenden. Im Übrigen sollten Sie den Fremdwortgebrauch aber noch einmal prüfen, häufig finden sich treffendere deutsche Ausdrücke.

Die Abschlusskorrektur Ihres Textes sollte sehr selbstkritisch erfolgen. Der DUDEN ist am besten mehrfach zu Rate zu ziehen. Es kann hilfreich sein, in verschiedenen Korrekturdurchgängen zunächst die Rechtschreibung, dann die Zeichensetzung und schließlich den Ausdruck zu verbessern. Auch wenn es schwer fällt, bemühen Sie sich bei einem letzten Durchlesen nicht mehr inhaltlich, sondern nur noch formal zu denken. Der letzte Arbeitsschritt sollte nicht mehr überprüfen was, sondern ausschließlich wie Sie formuliert haben.

Tipps für die Korrektur

Scheuen Sie sich nicht vor notwendigen Korrekturen, auch wenn das äußere Erscheinungsbild Ihrer Klausur leidet. Im Zweifel geht Richtigkeit vor Schönheit.

- Nehmen Sie sich ausreichend Zeit Ihre Stichworte und Entwürfe noch einmal durchzusehen, um sicherzustellen, dass Sie inhaltlich nichts Entscheidendes vergessen haben.

- Überprüfen Sie dann die Orthographie und Interpunktion. Schlagen Sie ruhig einmal mehr im Rechtschreibduden nach, der auch in knapper Form die derzeit gültigen Zeichensetzungsregeln enthält. Vor allem bei eingeschoben Relativsätzen und erweiterten Infinitiven, auf die im Beziehungssatz mit „es" o. ä. hingewiesen wird, vergisst man schon einmal das Komma.

- Korrigieren Sie Ihre Syntax. Oft ist der Satzbau zu komplex. Vermeiden Sie Schachtelsätze und überlange Aufzählungen.
  Bei der Abfassung einer Erörterung kann es leicht passieren, dass man adverbiale Verknüpfungen wählt, die inhaltlich nicht haltbar sind. Überprüfen Sie also noch einmal genau, ob Sie mit der Konjunktion „weil" wirklich eine kausale Beziehung zwischen Haupt- und Nebensatz beschreiben, mit „wenn" eine Bedingung (Konditionalsatz), mit „so dass" eine stimmige Folge (Konsekutivsatz), mit „wohingegen" einen wirklichen Gegensatz (Adversativsatz) usw.
  Gehen Sie Ihren Gesamttext noch einmal durch, um logische Brüche und fragwürdige Verknüpfungen zu erkennen. Häufig bleiben „wenn"-Sätze ohne Fortsetzung, fehlt bei „einerseits" das „andererseits" usw.

- Prüfen Sie Ihren Ausdruck. Korrigieren Sie, wenn es nötig erscheint, umgangssprachliche Wendungen. Denken Sie daran, dass von Ihnen stets eine angemessene Ausdrucksweise erwartet wird.
  Achten Sie auf den Gebrauch von Fremdwörtern. Streichen Sie unnötige Fremdwörter und Wendungen, die Ihnen nicht ganz klar erscheinen.
  Auch die Variabilität Ihres Ausdrucks hat Einfluss auf die Benotung. Korrigieren Sie Wiederholungen; vermeiden Sie Paraphrasen.
  Denken Sie an die unterschiedlichen Aussageweisen des Konjunktivs im Deutschen. Der Konjunktiv I bezeichnet die Möglichkeit eines Geschehens (Konjunktiv potentialis), der Konjunktiv II in aller Regel die Unmöglichkeit eines Geschehens (Konjunktiv irrealis).

- Im Zusammenhang der Textwiedergabe kommt es darauf an, dass Sie klar formulieren, Gedankengänge Dritter im Konjunktiv der indirekten Rede (Konjunktiv I) wiedergeben und den Argumentationszusammenhang nicht durch zu weit gehende Kürzungen oder Verallgemeinerungen entstellen. Zitate müssen exakt dem Original entsprechen. Auch die Interpunktion des Ausgangstextes muss im Zitat grundsätzlich unverändert übernommen werden.

Nur in Ausnahmefällen können Sie das Zitat verändern, um es Ihrer Satzsstruktur anzupassen. Aber auch dies müssen Sie dem Leser anzeigen.

- Die Einteilung in Absätze sollte noch einmal auf Stimmigkeit durchgesehen werden. Als Faustregel gilt hierbei: Lieber zu viel als zu wenig Absätze!

Quellenverzeichnis

Beck, Volker: Heirat für homosexuelle Paare?, in: FOCUS 20/1997.

Benn, Gottfried: Antwort an die literarischen Emigranten, in: Gottfried Benn, Sämtliche Werke, Stuttgarter Ausgabe. In Verb. m. Ilse Benn hrsg. v. Gerhard Schuster, Band 4: Prosa II (1933-1945), Stuttgart 1989, S. 24ff.

Greiner, Ulrich: Der Kanon und die Kanonen, in: DIE ZEIT 25. 2. 1999.

Humboldt, Wilhelm von: Ueber die Verschiedenheit des menschlichen Sprachbaues und ihren Einfluss auf die geistige Entwicklung des Menschengeschlechts (1830-1835), in: Wilhelm von Humboldt, Werke, Bd. 3, Schriften zur Sprachphilosophie, hrsg. von Andreas Flitner und Klaus Giel, 8. Aufl. Darmstadt 1996, S. 419ff.

Jahn, Joachim: Drogenpolitik ändern. Heroin auf Rezept, in: Schaumburger Nachrichten (SN) 3. 2. 1997.

Kästner, Erich: Die vier archimedischen Punkte. Kleine Neujahrs-Ansprache vor jungen Leuten, in: Erich Kästner, Die kleine Freiheit, Zürich 1952.

Kegel, Sandra: Zettelwirtschaft, in: Frankfurter Allgemeine Zeitung (FAZ) 30. 8. 1999.

Leonhardt, Rudolf Walter: Argumente für und gegen Literaturkritik, in: Walter Jens (Hg.), Literatur und Kritik aus Anlaß des 60. Geburtstages von Marcel Reich-Ranicki, Stuttgart 1980, S. 114ff.

Pinthus, Kurt: Vorwort zur Anthologie „Menschheitsdämmerung". Symphonie jüngster Dichtung, Neuausgabe Hamburg 1959.

Quandt, Günter: Technik-Sprache. Bitte Deutsch!, in: Bild-Zeitung 21. 3. 2000.

Rauterberg, Hanno: Aufgesockelt. Brauchen die Deutschen ein Nationaldenkmal?, in: DIE ZEIT 16. 3. 2000.

Sowinski, Bernhard: Deutsche Stilistik, Frankfurt/M. 1975, S. 56f.

Stellmacher, Dieter: Wer spricht Platt?, Leer 1987, S. 42ff.

Zimmer, Dieter E.: RedensArten, Zürich 1988, S. 68ff.